1781

Ben

Ben Witter

Müßiggang ist allen Glückes Anfang

Mit vier Zeichnungen
von Horst Janssen

Hoffmann und Campe

CIP-Kurztitelaufnahme der Deutschen Bibliothek

Witter, Ben:
Müssiggang ist allen Glückes Anfang / Ben Witter. Mit 4 Zeichn. von Horst Jansen. – 1. Aufl. – Hamburg : Hoffmann und Campe, 1985.
ISBN 3-455-07898-2

Schutzumschlaggestaltung: DoH Graphic Design, Hamburg
unter Verwendung einer Zeichnung von Horst Janssen
Gesetzt aus der Bembo-Antiqua
Satz: Fotosatz Otto Gutfreund, Darmstadt
Druck und Bindung: Bercker Graphischer Betrieb, Kevelaer
Printed in Germany

Wie viele Türen hat die Wohnung?
Ich werde noch darauf kommen.
Und die Fenster, auch die zum Hof?
Ich werde sie von unten bis oben ansehen
wie jemand, der immer dasselbe von mir erwartet.
Ich werde mich auch nicht auf Zehenspitzen stellen,
um auf übertapezierte Löcher zu drücken
und weder knien noch kriechen, besonders dort
nicht,
wo Kinder sich verstecken würden.
Ich werde nicht gegen offene Schubladen,
Aufgestelltes, Umgekipptes, Herab- oder Heraus-
hängendes,
Erinnerndes oder Zugespitztes stoßen.
Ich werde nicht mein Taschenmesser holen,
um in den Fußbodenritzen das überbohnerte,
klebrig gewordene Eingetretene herauszukratzen.
Ich werde aber meine Schritte zählen, auch dieje-
nigen,
die glauben, in jede Ecke zu müssen, und be-
rechnen,
wie viele man braucht bei offenen und geschlosse-
nen Türen,
die Wohnungstür nicht zu vergessen,
ohne mir mehr dabei zu denken.

Ich werde den Fußleisten mit den üblichen Blicken folgen,
in deren Höhe Besen, Lappen, Feudel und Staubsauger flutschten,
um wieder Grund hereinzubringen
nach Atemlosigkeit, Unpäßlichkeit,
Resten, Rutschendem und Verdächtigem.

Müßiggang ist allen Glückes Anfang

Aal in Gelee

Eigentlich wollte ich in die Heide. Aber im Chausseegraben fand ich eine unversehrte Dose mit Aal in Gelee, eine Bierflasche war noch voll, und der Streuselkuchen war zermanscht. Ich aß gleich den Aal in Gelee, weil das Bier noch kalt genug war. Die Gräten sahen dann aus wie Skelette, die in der Sonne bleichten.

Den Streuselkuchen bekamen die Vögel. Aber das sollte ein richtiger Mittagstisch für sie werden. Und ich steckte den Hals der Bierflasche in die Erde und legte den Kuchen aufs andere Ende. Grüne Bananen holte ich auch noch aus dem Graben und einen verbeulten Verbandskasten. Die Gräten wehten auf die Chaussee und gruben sich in die Reifen eines Lkw. Ein Reh trat aus dem Wald und sicherte. Das wollte ich nachher auch tun, um nicht plötzlich loszurennen zum letzten Bus. Auf einem Schild stand, wo es zu den Hünengräbern ging. Daneben war ein ausgehöhlter Baumstumpf, der als Papierkorb diente. Ich stellte den Verbandskasten dazu. Was im Wald nicht alles passieren kann, dachte ich, und so ein Verbandskasten ist eine Mahnung.

Auf der Chaussee waren schon die Römer gewesen; weiter weg flimmerte sie im Sonnenglast. Wortfetzen kamen zu Gesichtsfetzen und blitzenden Auto-

teilen, und damit niemand halten würde, um mich mitzunehmen, drehte ich mich zur Seite.
Einen Feldstecher hätte ich noch finden sollen. Ob dann jemand gestoppt hätte, nur um sich zu vergewissern, was das bedeutet, wenn ich ihn beim Herannahen im Visier gehabt hätte? Aber mit dem Feldstecher müßte ich entweder flach liegen oder die Haltung einnehmen, die dazugehört. Ich rutschte in den Graben hinein. In einem Sportwagen flatterten Haare. Ob Hünen damals Kleinere an den Haaren gepackt hatten, weil sie das Bücken zu lächerlich fanden?
Und hätte ich einen Hut gefunden, wäre ich im Graben weitergegangen; wie das wohl aussehen würde, man sähe vom Auto aus nur den Hut, und der wandert. Aber gibt es denn Leute, die langsam Chausseegräben abfahren? Das tut nicht mal die Polizei. Ich stellte mir nun keine Unfälle im Wald mehr vor und fand auch keinen abgerissenen Motorradfahrerhelm. Ich setzte mich wieder unter die Eiche. Die Reifen gaben Töne her, und ich pfiff ihnen in der gleichen Tonlage nach.
Dann trat ich hinter die Eiche. Aber wer sollte sich erschrecken, falls ich dahinter plötzlich hervortreten würde? Ich blickte auf die Chaussee herab. Zu beiden Seiten Eichen und Buchen, und es hätte gerade noch gefehlt, daß ich mich fragen würde, was ihnen schon alles passiert war, Stamm für Stamm.
Ich setzte mich auf einen Flecken Moos, so groß wie ein Kopfkissen. Da sollte ich nicht einnicken und nach hinten fallen? Gegessen hatte ich ja schon. Und

wer könnte mich denn für ein Unfallopfer halten? Ich döste lieber und hatte genug Blüten zum Umpusten und entdeckte auch ein bißchen Heidekraut und zog mit dem Daumen einen Strich herum, damit es sich stärker abhebt; es war ja alles einmal Heide gewesen, auch hier.
Aber kein Reh trat aus dem Wald und sicherte, und ich hatte noch genug Zeit für den Bus, der nur zweimal am Tag fuhr.
Als ich drinsaß, gab es einen Regenguß. Das hörte sich an wie ein Schlußapplaus. Hinter dem Fahrer saß ein Forstgehilfe und sagte, daß der Forstmeister auf Urlaub ist. Und auf der rechten Seite saß ein Herr im Lodenmantel. Sein Rucksack stand auf dem Boden und sah aus wie ein Mann im Lodenmantel, mit dem Kinn auf der Brust.

Gesammelte Abschiede

Als ich an dem Antiquitätenladen vorbeiging, sagte ich mir: Meine Sammlung soll keinen Platz wegnehmen und nach meinem Tod auch nicht versteigert werden. Und vor einem Briefmarkengeschäft sagte ich: Selbst wenn eine Sammlung in die Jackentaschen geht, die brauchst du für was anderes.
Ich fühlte mich erleichtert und ging zum Bahnhof. Auf einer Bank vor Gleis 11 saß ich dann und freute mich über den Intercity, der zu schnell einlief, aber geräuschlos bremste und nach zwei Minuten wieder weg war. Neben mir sagte jemand: »Der kostet im Modell über 10000 Mark, aber Vorortzüge sind auch nicht viel billiger.«
Hinterher kam ein Vorortzug. Eine Frau stieg ein und stellte sich ans Fenster, und ein Mann stand davor. Die Frau hob ihre Hand und tippte mit den Fingerspitzen gegen die Scheibe. Der Mann drückte mit seinem Zeigefinger dagegen, und sie schob ihre Hand dahin. Nun hatten sie sich. Der Vorortzug fuhr ab, aber der Mann hielt seine Hand noch hoch. Es war der vorletzte Wagen, und die Hand fiel erst hinter dem Schlußlicht herunter.
Ich dachte, der Herr fliegt wohl gewöhnlich. Aber er wartete auf den Nord-West-Expreß. Er musterte die Bank, auf der ich saß, und den Bahnsteig, schien

sich alles einzuprägen von links nach rechts und darüber und stieg in ein Schlafwagenabteil. Er beugte sich über das Bett und drehte mir zwischendurch den Kopf zu. Sah ich einem anderen ähnlich, oder hatte er früher auch öfter auf der Bank gesessen? Saß ich in seinen Augen vielleicht für jemand da, den er nicht wiedersehen würde? Er nickte.
In der Bahnhofstraße kam jemand aus einem Lokal und sagte: »Mal sehen.« – Eine Stimme im Lokal rief: »Du kommst schon wieder.« – »Von wegen«, antwortete er. »Wo willst du wohl sonst hin?« – »Ich?« Er winkte ab, so als wollte er mit einem Mal alles loswerden und schwankte auch nicht mehr, und ging.
»Wenn ich dich nicht hätte«, sagte ein Mann ohne Jacke und legte seinen rechten Arm um den Hals eines Jungen. »Das sagst du immer«, sagte der Junge und zog den Kopf ein. »Hör mir jetzt mal gut zu«, sagte der Mann und flüsterte. Der Junge boxte ihn in den Bauch und rannte zurück, und der Mann winkte mitten auf der Straße, und der Junge rief: »Paß doch auf.« Und mich sah er an, als wollte er sagen: Was wissen Sie denn?
»Drei Tage muß ich haben, um alles zu regeln«, sagte einer, »dann ist es soweit.« Die Frau sagte: »Hm.« Aber das klang so, als ob sie lange gelesen hatte und sich die Augen rieb, weil sie sich das Ende der Geschichte noch aufsparen wollte.
In einem Antiquariat fand ich ein Buch mit einer Widmung. Franchezzo »Ein Wanderer« hieß der Titel. Und da stand: »Das Lebewohl gilt nur dem irdi-

schen Dasein. Dein Karl. Im November 1914.«
»Was sammeln Sie denn?« fragte der Buchhändler.
»Abschiede«, sagte ich, »aber ich muß sie selbst erleben und nehme doch lieber keine aus zweiter Hand.«
Ich wollte sie dann sortieren; auf den einen oder anderen hätte ich vielleicht verzichten können. Aber schließlich sagte ich mir: Sammle ruhig weiter, und was du vergißt, gehört nicht dazu.

Das Klavier auf dem Dachboden

Die Straße hat Bäume, Vorgärten und Einfamilienhäuser, und jedesmal stelle ich mir vor, ein Zollstock hängt aus meiner Hosentasche, und ich müßte wieder nachmessen, wo ein Zentimeter zuviel oder zuwenig ist. Und dem Briefträger ging ich zu langsam. Aber vor den letzten Häusern in der Straße blieb ich immer stehen. Sie hatten Eingangshallen und Treppengeländer aus Mahagoni und Zimmer mit Kamin, und ich stellte mir jedesmal vor, da im Bett zu liegen und mit einem langen Farbstift die Stuckdecken zu bemalen.

Das Haus Nr. 11 hatte eine Dachluke. Und dahinter war das Gesicht eines Zwölfjährigen. Er sah mich, öffnete die Luke und spielte Klavier. Aber für ihn gab es anscheinend nur einen Ton: das A. Es klang immer herrischer. Der Junge trat wieder an die Dachluke. Ich streckte beide Hände aus und wollte damit sagen, daß ich Klavier spielen kann. Er winkte, und ich ging ins Haus. Die Bodentür war angelehnt, und der Junge sagte, daß er mich morgens schon öfter gesehen hätte, und ich sollte doch mal spielen.

Auf einem ausgetretenen Teppich stand das Klavier. Ein verstaubtes Bettuch lag darüber, und der Schemel war so schwarz lackiert wie das Klavier. Aber das Klavier stand schief. Da trat der Junge ganz fest auf den Fußboden, und es gab einen Ton von sich. Dann trat er noch fester auf, und ich auch. Am zaghaftesten klang das F. Ich setzte mich hin und sagte, daß sein Klavier bestimmt schon eine Menge erdulden mußte, und welche Töne es wohl zur Antwort gegeben hätte, wenn man zu fest aufgetreten wäre. Ich sollte ihm aber endlich etwas vorspielen. Über dem Klavier hing ein Foto in einem ovalen Rahmen. Ein Mann und eine Frau in Schwarz standen hinter einem Jungen im Matrosenanzug. »Das ist mein Vater, der Kleine da«, sagte der Junge. »Aber er kann nicht Klavier spielen, und das ist auch nicht dieses Klavier, und der Kleine ist gar nicht mein Vater. Mein Vater hat das Klavier von einer Frau, die im Altersheim ist, und er will das Klavier jetzt verkaufen.« Ich spielte, was mir gerade einfiel, und dann sagte ein Mann hinter mir: »Ich habe Sie beobachtet, als Sie ins Haus gingen, aber das Klavier ist schon verkauft.«

Jürgens hieß er und war von Beruf Hausmakler. »Und die alte Dame hatte das Klavier in Decken gehüllt«, sagte er, »die sind aber längst im Ascheimer. Mein Sohn und ich räumen jetzt auf.« – »Wie die Töne bei Erschütterungen wohl geklungen haben, als das Klavier in Wolldecken eingewickelt war«, sagte ich. Der Hausmakler sagte: »Die alte Dame hat es nach dem Tod ihres Mannes so verpackt. Sie wollte es nicht im Wohnzimmer haben, es sollte in einem Raum für sich stehen, und Blumen hatte sie auf der Fensterbank, und sie machte hier auch regelmäßig sauber. Der Sessel ist unten bei uns. Da muß die dann wohl auch manchmal eingeschlafen sein. Und dieser vergilbte Zeitungsausschnitt hat auf den Tasten gelegen.« Herr Jürgens zog ihn aus der Tasche: »›Wer hat denn heutzutage noch ein Klavier‹, steht da. ›Früher gehörte es zum unerläßlichen Schmuck des Heimes. Wie duldnerisch es ist, und wie selbstherrlich es sein kann. Wer sein Wesen begriffen hat, bleibt daran sitzen, denn auf keinem anderen Instrument kann man sich so der Sphäre des Schöpferischen nähern.‹ Na, was sagen Sie dazu?«

Ich fragte, was ich spielen sollte, und stellte mir vor, daß im Hintergrund die alte Dame saß, und wie alte Frauen oft reden, wenn sie etwas vergleichen wollen, glaubte ich zu hören: »Genau wie mein Mann.«

Ich nahm das Bettlaken weg und fuhr mit der Innenseite über den Lack, und Herr Jürgens sagte: »Das brauchen Sie doch nicht«, und ich nahm eine Vase von der Fensterbank und stellte sie auf das Klavier und sagte, daß ich mir die alte Dame vorstellen kann.

»Sie ist aber tot«, sagte Herr Jürgens. Und da trat der Junge mit beiden Füßen fest auf den Boden. Es kam wieder das zaghafte F, und dann sagte ich zu ihm: »Hau doch wieder auf das A.«

Das Klavier steht jetzt in Nummer 29, in dem Einfamilienhaus, das einem Lehrer gehört. Seine Tochter übt darauf, und ich gehe morgens immer noch durch die Straße und warte auf ein zaghaftes F.

Wolkenbruch

»Es dauert nicht mehr lange, dann gibt es einen Wolkenbruch«, sagte ich, weil keiner es sagte, und stellte mich unter eine Markise. Als es donnerte, stellten sich Leute zu mir. Es regnete aber noch nicht. In dem Restaurant auf der anderen Straßenseite aßen die Gäste langsamer, sie wollten mit dem Essen erst nach dem Wolkenbruch fertig sein.
Ein Mädchen schwenkte eine leere Milchkanne wie eine Warnlaterne, und die Autos hatten Licht eingeschaltet. Die Leute dachten, ich würde in meinen Wagen steigen, aber als ich weiterging, gingen sie auch. Ich ging in die Grünanlage, um dort auf den Wolkenbruch zu warten. Ein Dackel mit langen Haaren am Bauch lief hinter mir her und blieb vor einem Baum mit bloßliegenden Wurzeln stehen. Er legte sich zwischen die buckeligen und war wenigstens windgeschützt.
Da der Wolkenbruch immer noch nicht kam, beobachteten wir beide den Himmel. Ein Stück weiter lag eine Zeltplane und daneben ein Haufen aus Grasbüscheln und Erde. Ich schlug die Zeltplane beiseite. Ein Tiefbauarbeiter sagte: »Gleich gibt es einen Wolkenbruch.« Er hatte eine Laterne angezündet, halb stand er auf einem Rohr und halb auf

Bleistücken. Ich schob die Zeltplane wieder zurück. Der Dackel schnüffelte an der Zeltplane. Aus seiner Schnauze wehte ein Seufzer. Ich rechnete nicht mehr mit dem Wolkenbruch und setzte mich neben die Zeltplane. Der Rasen war trocken, die Wolken konnten nicht niedriger hängen oder noch schwärzer werden.

An meinem Schnürsenkel klebte ein Grashalm. Es donnerte, und der Dackel sprang auf und wedelte mit seinem Schwanz den Grashalm von meinem Schnürsenkel. Eine Frau mit aufgespanntem Regenschirm sagte zu dem Dackel: »Da bist du ja.« Ich sagte: »Es gibt keinen Wolkenbruch.« – »Wenn das mein Hund wäre«, sagte die Frau, »ich sehe ihn öfter, und wenn ich sage: ›Da bist du ja‹, wedelt er mit dem Schwanz. Ob er auch heimatlos ist?«

»Aber hier hat er ja uns beide«, sagte ich und zeigte auf die Zeltplane: »Darunter ist noch jemand.« – »Ich habe schon manchem, der hier so verlassen auf dem Rasen lag, gut zureden können«, sagte die Frau. »Auch kurz vor einem Wolkenbruch. Die meisten lassen aber nicht mit sich reden, obwohl jeden bestimmt etwas bedrückt.« Ich legte mich hin und sagte: »Ich liege hier jetzt nur, weil ich damit auch sagen will, daß es keinen Wolkenbruch gibt.«

»Wollen Sie nicht ein Glas Milch trinken? Am Ende der Anlage ist ein Stand mit Milch und Eis. Bei der Hitze bekommt man Durst. Oder trinken Sie auch keine Milch, wie die anderen, die ich hier oft liegen sehe?« – »Der Hund wird durstig sein«, sagte ich. Und die Frau holte einen Becher Milch für ihn. »Er

säuft viel zu hastig«, sagte die Frau. »Setzen Sie sich doch«, sagte ich.
»Ich habe mich hier noch nie hingesetzt«, sagte sie und hielt ihren Schirm über mich. »Trinken Sie nachher doch auch einen Schluck Milch.« Ich sagte, daß Milch mich an meine Kindheit erinnere, und dann sähe ich auch alles rosiger, und Milchhändler hätten fast alle ein rosiges Gesicht. »Sie müssen ja auch schon früh aufstehen und früh zu Bett gehen«, sagte die Frau. Und ich sagte, daß ich mich öfter plötzlich hinlege, so wie jetzt, auf die Seite, und als ich noch Milch trinken mußte, legte ich mich am liebsten auf den Bauch.
Die Zeltplane wurde zurückgeschlagen, und ich sagte zu dem Tiefbauarbeiter: »Es gibt keinen Wolkenbruch.« Der Dackel wedelte mit dem Schwanz und seufzte noch einmal. Und als Regentropfen fielen, waren das ganz große, aber die schienen so zu tun, als wären sie die Nachhut von dem Wolkenbruch, der nicht gekommen war.
Ich blieb liegen, und die Sonne kam dann ja auch. Der Tiefbauarbeiter lugte aus dem Loch, als wäre er von ganz tief unten heraufgeschickt worden. »Wie im Märchen«, sagte ich, und die Frau holte für uns alle Milch.

Mit einem Federstrich

Ich hob den Stein auf. Unter meinem Daumen waren die holperigen Stellen, sie schimmerten rötlich; die glatten hatten mehr grau als gelb. Dann hielt ich ihn hoch. Und was rötlich war, schimmerte bläulich. Ich steckte den Stein in die Hosentasche. Mein Schlüsselbund klimperte dagegen. Auf den Rhythmus paßten verschiedene Melodien. Eine war zum Wandern.

Der Weg hieß Rübenkoppel und führte durch Schrebergärten. An der Biegung lag ein Komposthaufen. Obendrauf saß ein Spatz. Er sollte hopsen oder etwas aufpicken. Aber er rührte sich nicht. Die Pforte zur Parzelle 11 war offen, und ein Mann fragte mich, ob ich das neue Mitglied des »Kleingartenvereins Rübenkoppel« wäre, er sei der stellvertretende Vorsitzende.

Er holte die Vereinssatzungen aus der Laube, aber ich sagte, daß alles noch Zeit hätte und ein toter Spatz auf dem Komposthaufen säße. Ich nahm den Stein aus der Hosentasche. Er hätte genau auf das Loch gepaßt, das man für den toten Spatz graben würde, und ich sagte, daß man auch einen Spatzen einmal beerdigen könne, möglichst im Sitzen, weil Schreber ja alle romantisch sein sollen. Aber ein

aufbrausender Ton lenkte mich ab. Unter unseren Füßen mußte irgendeine Leitung sein.
»Da ist ein U-Bahn-Tunnel«, sagte der Mann, »aber wenn wir den Spatz hier vergraben, dann ist er nicht im Himmel.« Ich sagte, daß der Spatzenhimmel vielleicht gerade da ist, wo sie immer gepickt haben und satt wurden oder ganz in der Nähe.
Der Mann streckte seinen Daumen aus und zeigte auf den Boden. Dort war wohl die Stelle, wo der Spatz hinkommen konnte, und der Daumen drückte auch auf die Flasche mit Johannisbeerwein, und das Glas wurde zu voll. Dann lag sein Daumen daneben wie ein Pistolenlauf; in der Richtung waren Tauben. Ich legte meinen Daumen daneben, und der Mann sagte: »Wenn man die so sieht, aber wer sieht noch hin ...«
Der nächste Kleingartenverein hieß »Sonnenland«, und ich fragte den Vorsitzenden, ob der U-Bahn-Tunnel auch darunter ist. »Hier zweigt er ab«, sagte er und zeigte mit dem Daumen nach unten. »Aber wir nehmen keine neuen Mitglieder auf.« Ich sagte, daß ich kein Schreber werden wollte. Mir waren noch nie so viele Daumen aufgefallen, die immer nach unten zeigten. Vielleicht machte das der Vorsitzende ja nur, weil der stellvertretende Vorsitzende vom »Kleingartenverein Rübenkoppel« auch diese Angewohnheit hat. Er sagte, daß die ganzen Vereine aufgelöst werden sollten für eine gemeinnützige Siedlungsgesellschaft, doch mit einem Federstrich wären die Pläne rückgängig gemacht worden, und er streckte seinen Daumen aus.

Ich lehnte mich gegen den Findling mit der Inschrift »Sonnenland« und merkte, daß mein Daumen hochstand. Was konnte er mit einem Federstrich nicht alles erhöhen oder vernichten? Ob es auch an dem Johannisbeerwein lag, daß ich ihn einfach oben ließ? Und ich fand, daß ein Daumen der Wegweiser zahlreicher Fähigkeiten sein kann und oft sogar revolutionär ist. Er erhöht alle übrigen Qualitäten einer Hand und ist das Thermometer der Energie, des Temperaments, der Anpassung, der Logik und des Anlaufs zur großen Tat.
»Was man mit einem Federstrich nicht alles erreichen kann«, sagte ich dann zu dem stellvertretenden Vorsitzenden des Kleingartenvereins »Rübenkoppel« und zeigte ihm meinen Daumen. »Hier sollte eine Siedlung hin.«
»Ich war als erster dagegen«, sagte er und zeigte mit dem Daumen auf den Boden. »Wir hören die U-Bahn nicht mehr, doch die neuen Mitglieder, die hören alles. Bewerben Sie sich bei ›Sonnenland‹.«
Ich kaufte ihm eine Flasche Johannisbeerwein ab, und er versprach, den toten Spatzen zu begraben, möglichst im Sitzen, der Stein aus meiner Hosentasche käme dann obendrauf. War ich auf den Stein und den Spatzen gekommen, bevor ich seinen Wein getrunken hatte? Ich hörte die U-Bahn auch nicht mehr, und wir gaben uns die Hand und drückten mit den Daumen fest zu.

Nichts gegen halb fünf

Wolkenberge, unten Nebelhauben, aber darüber Sonnenschein, noch dünnlich. Ich wollte gerade den Kellner fragen: »Wo sind wir eigentlich?« Beim Frühstück bilde ich mir immer ein, in einem Hotelzimmer zu sitzen mit Ausblick auf Berge und Bedienung. Aber wen konnte ich um diese Zeit schon treffen? Ich winkte dann einem Autofahrer zu, so wie sich Autofahrer gegenseitig zuwinken, wenn sie sich einen Gefallen getan haben, und der winkte genauso zurück.
Und hinter sämtlichen Fenstern geschlossene Vorhänge. Wenn sie gleichfarbig gewesen wären, was hätten einem die Fassaden dann nicht alles gezeigt. Ein Haus hatte moderne Fenster gekriegt. In den weißen, breiteren Rahmen wirkten die Vorhänge wie Bildausschnitte: die Flecke, Falten und Risse hatten mehr miteinander zu tun.
Die ausgedienten Fenster standen auf einem Lastwagen. Eine Nacht lang hatten sie Gelegenheit gehabt, endlich mal zusammenzustehen, ein wohlgeordneter Haufen, halbblind vor Schmutz. Ich winkte ab. Oder winkte ich ihnen zu? Sollte das vielleicht heißen: einer nahm schließlich Abschied von ihnen, obgleich er noch nie hindurchgeblickt hatte ... Aber die anderen schliefen ja noch.

Die Tür eines Milchgeschäfts wurde geöffnet, und der Milchmann sagte: »Ich bin heute zu früh aufgestanden, das ist mir noch nie passiert.« Er stellte die Flaschen und Kartons, die nachts von den Fahrern der Meierei hinter einer Gitterwand eingeschlossen worden waren, in den Laden. Ich wollte ihm dabei helfen, aber der Milchmann sagte: »Wer sind Sie denn?« Die Gitterwand stand noch zwischen uns.
Er hatte eine rötliche Gesichtsfarbe, weil es im Laden ja immer kühl ist. Ich sagte, daß ich jetzt Milch trinken könnte. Und er sagte, daß er morgens auch gerne ein Stück zu Fuß gehen möchte, aber das würde leicht zu Mißverständnissen führen, denn man glaube ja gar nicht, wie viele Leute um diese Zeit die Vorhänge beiseite schöben, um nach ihrem Auto und dem Wetter zu sehen. Aber einmal wenigstens wollten sie da viel mehr sehen; vielleicht sogar einen Toten.
Ich lief ein Stück, damit einige Leute hinter den Vorhängen nachher zu dem Milchmann sagen konnten, ob er das gesehen hätte. Um diese Zeit kann man richtig durch die Straßen laufen, sagte ich mir, und wer einem entgegenkommt, fragt sich, ob er nicht auch schneller sein müßte. Da ich aber kein Ziel hatte, wußte ich nicht, wie schnell ich laufen sollte, und Hunde, die mitlaufen würden, waren noch nicht auf der Straße. Sie hätten auch gebellt. Und ich lachte laut. Was sollte mir denn sonst einfallen? Aber niemand hinter den Vorhängen würde aufwachen, weil da unten einer so laut lacht. Mitlachen konnte auch keiner, dann würde er vielleicht

jemanden aufwecken. Und wer lacht denn um diese Zeit ganz plötzlich so . . . In dem Frisiersalon hingen bestimmt noch Düfte, und ich bildete mir ein, daß ich Rasierwasser benutzt hätte und mit frisch gewaschenem Kopf weitergehe. Und da ich schon beim Milchhändler gewesen war, suchte ich ein Blumengeschäft.
Unter einem Regal mit Blumentöpfen waren Plastiksäcke abgestellt, prall gefüllt mit Muttererde. Ich dachte wieder an den Milchmann und sah lauter Kühe auf der Weide und gepflügte Äcker und konnte das auch alles riechen. Und ich fuhr mir, wie erwachend, über meine Haare und erwartete, daß jemand aus einem Hauseingang tritt und das auch gerade macht. Ich tat es nochmal, als jemand kam, und der machte es auch so, und ich sagte zu ihm, daß hier alles wäre, was man sich wünschen könne und zählte es auf. Er stieg in seinen Wagen, und ich winkte so, wie Autofahrer winken, und er hupte und fuhr sich noch einmal durch die Haare.
Ich blinzelte. Das machten hinter den Vorhängen in diesem Augenblick noch andere. Und wenn die wüßten, daß ich es auch so machte, war der Unterschied nicht mehr so groß, und hätten sie mich gesehen, wären sie mit mir schon eher einverstanden gewesen. Aber dann hätten sie sich doch gefragt, was der um diese Zeit da macht.
Ich machte »Pst« und trat mit den Zehenspitzen auf und ging am Kantstein entlang. Ich wollte niemandem im Wege sein.

Das gerettete Lächeln

Wegen der Abgase trat ich nicht zu dicht an den Straßenrand und mußte lächeln. Eine Frau lächelte vielsagend, aber sie wußte ja nicht, weshalb ich lächelte, sonst hätte sie nicht so gelächelt. Statt gleich drei Schritte vom Straßenrand wegzubleiben, trat ich jedesmal dicht an den Straßenrand und ging dann drei Schritte zurück. Aber jetzt blieb ich in drei Schritten Entfernung davor stehen.

Ich hätte der Frau sagen sollen, wie viele Frauen ich schon so vor Ampeln an Straßenrändern kennengelernt habe, und was daraus geworden ist . . . Aber ich wollte mein Lächeln unversehrt lassen und nicht an den Sumpf in mir denken. Ein offener Mund kam mir entgegen mit einer Goldkrone und schlecht ausrasierter Oberlippe. Diese Raubvogelaugen sind nicht ums Gefängnis herumgekommen, sagte ich mir, aber irgend jemand würde auch an diesen Lippen hängen.

Oder vielleicht war er immer gerade ums Gefängnis herumgekommen. Er versuchte zu lächeln. Ob ich wie ein Mitwisser lächelte? Der Mann blieb mitten auf der Straße stehen, weil er mich ansah, lächelte ich hinter ihm her; mein Lächeln wollte ich ihm nicht gegenüberstellen, es mußte weiter und brauchte Sicherheit.

Im Schaufenster eines Schlachterladens prüfte ich mein Lächeln. Es war nicht in die Mundwinkel gesunken und wirkte auch nicht besonders zufrieden, eher wie angeflogen, ja, es kam mehr aus den Augen. Es verschob sich auch nicht, als ich das Sonderangebot von Gulasch las und mir sagte, daß ich ein merkwürdiger Mensch bin und kein Gulasch esse. Aber wem könnte man schon sagen, daß man sich aus der Menge der Gulaschesser heraushebt? Ich fühlte mich erleichtert, und das ließ mein Lächeln unverändert, denn irgendwie erleichtert mußte es wohl wirken. Ich ging nicht mehr zu dicht an Geschäften vorbei, und zu dicht am Straßenrand ging ich ja sowieso nicht mehr, ich blieb in der Mitte, und mancher merkte erst, als er mich kommen sah, wo er ging, aber mein Lächeln war es dann, das ihn beruhigte. Mir tat es längst den Gefallen, doch ich dachte jetzt auch an andere.
Ich blieb im S-Bahnhof vor den Fahrkartenautomaten stehen. Dicht gedrängt kamen Fahrgäste die Treppe herauf. Sie sollten auch mal etwas anderes sehen als immer den Fahrkartenautomaten. Niemand rannte mich um. Es mußte doch an meinem Lächeln liegen, das ja wie angeflogen wirkte. Man hielt mich für einen Fremden, und ich malte mir aus, wie es wäre, hier ein Fremder zu sein, und ging die Treppe hinunter, und mein Lächeln schien zu sagen, daß ich hier fremd bin, denn der Fahrdienstleiter sagte, daß der Zug gleich kommt, und lächelte mir nach.
Ich setzte mich in eine Ecke und schloß die Augen.

Die beiden gegenüber sollten nicht glauben, daß es mir nichts ausmacht, überall einzuschlafen und mein Lächeln dabei in den Augen bleibt, aber um den Mund herum deutlicher ist. Ich beobachtete sie unter halb geschlossenen Lidern, wodurch sich das Lächeln nicht verschob. Der Mann starrte mir angestrengt ins Gesicht, und die Frau sah nur meine Hände, die ich im Schoß gefaltet hatte. Erinnerte sie sich an jemand, der so ähnliche Hände hatte, oder wartete sie darauf, daß ich sie hochnehme, oder auf einen Ruck, um auf mich zu fallen? Ihr Mann streifte sie mit einem Blick, und sie schloß die Augen auch halb. Schämte sie sich vielleicht? Wie lange mochte sie sich wohl nicht geschämt haben? Lächelten wir beide vielleicht ähnlich? Daß sie schon an der übernächsten Station ausstieg? Der Mann hatte doch gesagt, sie führen bis zur Endstation.
Einige wollten ins Waldcafé. Aber es hatte Ruhetag. Ich setzte mich trotzdem an einen Tisch auf der Veranda, und weil ich ja lächelte, dachten die Leute, wenn der da sitzt, ist doch kein Ruhetag, oder vielleicht ist es der Wirt. Sie setzten sich alle und hielten ihre Gesichter in die Sonne.
Der Wirt kam dann auch und sagte: »Heute ist doch Ruhetag.« Und die Leute gingen wieder und waren froh, daß sie in der Sonne gesessen hatten. Ich lächelte. Der Wirt lächelte auch und sagte: »Aber Sie sitzen noch hier. Bei dem Wetter möchte ich auch öfter mal allein an einem Ruhetag hier sitzen, doch das geht nicht, ob nun allein oder zu zweit, das Publikum denkt doch: das sind Gäste.«

Ich legte meine Füße auf den Stuhl und lachte. Er lachte denn auch und legte seine Füße auf den Stuhl. Aber das Lachen war uns zu laut, und der Wirt sagte: »Was macht man an einem Ruhetag im Waldcafé, wenn man schon nicht in den Wald kommt?« Und wir lächelten. Ich sagte: »Wenn der Wald uns so sehen könnte.« Jetzt hatte der Wirt auch das richtige Lächeln. Es wirkte wie angeflogen.

Auf einem Bett im Warenhaus

In der Betten- und Wäsche-Abteilung im dritten Stock setzte ich mich auf eine Federkernmatratze. Das Bettgestell war aus Mahagoni. Weil auf einer anderen Federkernmatratze in einem Bettgestell aus Messing schon ein Herr die Qualität prüfte, legte ich mich auch hin. Die Frau wollte sich nicht neben ihren Mann legen, und die Verkäuferin sagte: »Ich darf ja nicht.« Fast wäre ich eingenickt, ich hörte nur noch Flüstertöne, jeder Laut wurde durch Berge von Kissen, Matratzen, Unterbetten und allem möglichen Zubehör erstickt.

Als die Verkäuferin dann zu mir kam, griff ich im Aufstehen nach einer Wolldecke, und sie sagte: »Ich werde hier auch oft so müde, daß ich mich hinlegen könnte. Nehmen Sie doch die.« An ihrer Stelle sagte ich, daß es Wolldecken gibt, die ein Menschenleben aushalten und Wolldecken für Knie und für Autos und Wolldecken fürs Freie und Wolldecken, die gar nicht aus reiner Wolle sind. Sie setzte sich hin, und ich legte ihr die Wolldecke über die Knie, und sie sagte: »Dann ein andermal.«

Ich fühlte mich erholt und ging in die Lederwarenabteilung im vierten Stock. Die anderen fuhren mit der Rolltreppe oder nahmen den Fahrstuhl. Oben wartete ein Verkäufer. Ich sagte, daß ich Treppensteiger wäre und oft allein oben ankäme, und er sagte: »Wer so lange stehen muß wie ich, der fährt.« Einige Kunden rollten Kunstlederkoffer auf Rädern hin und her. Das war ein Sonderangebot, und in ihren Augen schienen die Koffer längst gepackt zu sein. »Wie sie die Koffer hin- und herrollen«, sagte ich zu dem Verkäufer. »Und das seit drei Wochen«, sagte er, »im Durchschnitt jeweils zehn Meter.«

Wir überprüften in einem Fall, daß es zwanzig Meter waren. Der Mann kaufte gleich zwei. Ich benutzte als einziger wieder die Treppe und ging auf grünblassem Velours. Im fünften Stock war die Gartenabteilung.

Ich sagte zu dem Substituten, daß ich nichts mit Vorgärten zu tun hätte, ich wollte das immer schon einmal sagen, aber über Gartenzäune hinweg ginge das nicht, und ob er einen Gartenzaun hätte. Er zeigte ihn mir in einem Prospekt und behauptete, es gäbe immer mehr Gartenfreunde, und Gartenfreunde dächten auch an Gartenzäune.

Den Mittelpunkt einer Rasenmatte bildete ein antikes Gefäß für Prachtpflanzen. Ich sagte zu dem Substituten: »Gehen wir einmal davon aus, daß ich jetzt von Griechenland träume.« Ich führte ihn zu einer Gartenschaukel und rückte sie so zurecht, daß wir die Rasenmatte mit dem Tongefäß vor Augen hatten. »Das ist eine Idee«, sagte er und setzte sich. Ich durfte sitzenbleiben, und zwischendurch fragte er, wie mir Griechenland jetzt vorkommt. Er wollte an mich denken, wenn er mal hinfährt.

Ich folgte auf der Treppe einem Mann im blauen

Kittel, er ging ins Basement, wo sich die Lebensmittelabteilung befand, und nahm ein Geflecht Knoblauchknollen mit roten Pfefferschoten von einem Haken. Wir blieben beim Obst- und Gemüsestand stehen. Er sagte: »Ich bin der Dekorateur« und warf einem Herrn einen Blick zu, der gerade auf meine Hosentasche starrte. Ich sagte: »Sind Sie der Detektiv?« Er steckte seine Hände in die Hosentaschen. Ich ging ins Parterre.

Dort traf ich den Herrn wieder und sagte, daß ich immer ohne Taschen unterwegs sei, bei mir käme alles Notwendige in die Hosentaschen oder ins Jakkett, und ich bevorzugte Zusammenklappbares und Handliches, Flaches und Abgerundetes. Und falls ich einmal etwas tragen müßte, verschöbe ich es auf später. Ich griff in die Hosentasche und zeigte ihm meine Sicherheitsschlüssel, das Feuerzeug und mein Taschentuch.

Der Herr sagte: »Spaß muß sein«, und ich sagte: »Sie sind ein erfahrener Detektiv«, und wir mußten lachen, andere Leute lachten mit; das schien dem Detektiv noch nie passiert zu sein, und jemand sagte: »Das ist doch kein Detektiv.« Ich kaufte mir eine Schlüsseltasche und kam dann in die Parfümerieabteilung. Die Verkäuferin nahm meine Finger und sprühte ein neues Parfüm auf meinen Handrücken. »Es muß sich aber erst mit Ihrem Hautgeruch verbinden«, sagte sie.

Ich ging noch mal in die Betten- und Wäsche-Abteilung, und die Verkäuferin fragte, ob ich mich doch für die Wolldecke entschieden hätte. Ich setzte mich auf die Federkernmatratze und streckte ihr meinen Handrücken entgegen. Ich hatte eine Probeflasche des Parfüms geklaut und legte sie in ihren Schoß.

Wie auf Wolken

Vor mir ging einer, dessen Bügelfalten den Nebel durchschnitten; vielleicht hatte er auch ein Gesicht, das scharf geschnitten war. Im Nacken fehlten die Haare. Und wenn er jetzt gestolpert wäre? Ich hätte ihn hochgezogen, und über seine Lippen wäre ein »Danke« gezischt. Er ließ mich vorbei, und ich spürte, wie sich seine Blicke in meinen Nacken bohrten. Aber meine Haare reichten bis zum Kragen.
Die Nebellampen auf der Straße schienen einander zu suchen. Eine Frau rückte an meine Seite. Auf ihren Hut senkte sich der Nebel wie Zuckerwatte und füllte die Vertiefung in der Mitte aus. Ich sagte, daß er wie ein Helm aussieht. Sie zuckte zusammen und sagte: »Warum sagen Sie so etwas? Ich habe den Krieg noch miterlebt.« Ich kam wieder auf den Vergleich mit der Zuckerwatte, und die Frau berührte meine Schulter.
Plötzlich stand ein Mann vor mir. Ich hätte ausweichen können und sagte beschwichtigend: »Kennen wir uns nicht?« Er überlegte, wer ich sein könnte. Ich sagte: »Das wird sich finden«, und er gab mir die Hand. Ich hätte nun auch mit einer Frau zusammenprallen können, die eine Brille trägt, die beschlagen ist, und die sie dann abnimmt. Und ich

würde sagen: »So gefallen mir ihre Augen schon besser, und das bei dem Nebel.« Da stieß mich eine Frau an, aber wir blieben nicht stehen.
Ich fuhr in den 23. Stock eines Hochhauses, die Luft war weißlich, der Nebel stieg und hinterließ Löcher. Ich öffnete ein Fenster und pustete und machte eigene Löcher und war ganz außer Atem. Ich fuhr hinunter, um das Schwebegefühl zu genießen, und draußen trat ich auf ein Siel. Dampf ging an meinen Beinen hoch und versuchte zu schweben.
Ich ging in ein Lokal. Die Tür war offen. Ich stellte mich an die Theke. Der Wirt blickte durch die offene Tür und sagte: »Was mir zum Durchatmen bleibt, kommt durch die Tür, vorhin rollte der Nebel rein.« Ich sagte: »Da sind Sie ja wie auf Wolken gegangen; oder blieben Sie sitzen?« Er sagte: »Ich setze mich immer sofort, wenn ich komme, aber so weit dachte ich gar nicht. Ich gucke nur raus.« Eine Frau schob einen Kinderwagen vorbei. Das Baby war durch eine halbhohe Plastikscheibe geschützt. Ich ging voran. Es wurde kälter. Die Mutter und ich gingen im Gleichschritt.
In einigen Baumkronen kleckerte der Nebel noch herum, und die oberen Zweige erweckten den Eindruck, als zögen sie sich aus. Immer weniger Leute kamen uns entgegen, sie waren alle längst im Büro oder sonstwo und sind doch noch pünktlich dagewesen und redeten über den Nebel und von Zusammenstößen und hatten Licht an. Ich wollte den Nebel aber noch behalten und stellte mich unter das Dach einer Bushaltestelle und blickte mit dem Rük-

ken zur Straße durch die bruchsicheren Scheiben. Hinter mir der Verkehr und vor mir ein Hofeingang und ein Hinterhaus. Da war eine Schlosserei. Aber der Nebel verhängte die Fenster. Vielleicht war es früher eine Stellmacherei gewesen, und aus den Nüstern eines Pferdes kam stoßweise graue Luft.
Ich ging zum Frisör. Er stand am Fenster, und ich sagte, daß er mir die Haare waschen soll. Zum Trocknen mußte ich mich unter eine Haube setzen, und je heißer es wurde, desto mehr fiel mir zum Nebel ein, zu Gesichtern im Nebel und zu Brillen, zu Beinen und Dampf, zu Lichtern und Höfen.
Mit heißem Kopf stand ich auf der Straße und erwartete, daß jemand sagen würde: Kennen wir uns nicht? Ein Mann trat aus einem Hausflur. Fast wären wir zusammengeprallt. Er sagte: »Wo glauben Sie denn, wo Sie sind?« Ich ging wie auf Wolken.

Meilenweit weg

Wellen, die so taten, als hätten sie schon Meilen hinter sich, schwappten an meine Schuhe. Ich zog sie gleich mit den Strümpfen zusammen aus. Die Hosenränder zog ich aber nicht hoch, und umkrempeln wollte ich sie auch nicht, dann müßte ich an Waschschüsseln denken und an Füße, die zu vorsichtig eingetaucht werden.
Ein Strand war das auch nicht, nur ein mit Sand aufgeschüttetes Ufer. Motorkähne machten die Wellen. Und meine Schuhe kamen mir wie Schuten vor, großspurig und überladen; wo war ich mit ihnen nicht überall hingetreten, was hatten sie nicht alles zertreten, und wie es unter den Sohlen immer knirschte. Jeder Schritt wurde zum Signal.
Und wenn ich sie als Spielzeug betrachtete? Dann würde ich kommandieren: im Gleichschritt marsch ... oder: immer erst einen vor den anderen, was denn sonst? ... oder: könnt ihr denn nicht schneller laufen, na wird's bald? Und wie das wohl aussah: ein Schuh blieb stecken, und der andere ging weiter und verschwand am Horizont.
Auf einem Segelboot stand einer mit blauen Spezialschuhen, wasserdicht. Und ich überlegte, ob jemand, der sich ertränken will, vorher noch die Schuhe auszieht oder einfach geradeaus geht. Aber

wenn die Schuhe dabei im Schlamm versinken, läßt er sich mit hinunterziehen oder versucht er noch rauszukommen und denkt, falls das glückt, nicht mehr an Selbstmord?
Auf dem 200 000-Tonnen-Tanker fuhr jemand mit dem Rad. Barfuß geht da keiner, es gibt Lederschuhe mit Gummisohlen und Stahlkappen. Ich hätte ein Stück ins Wasser gehen können, aber da schwamm ein verschmierter Plastikeimer, und an diesem Strand konnte man ja auch nicht hin- und herlaufen.
Und die Dame weiter rechts von mir? Sie trug hochhackige Sandalen und umfaßte ihre Knie, die bis ans Kinn reichten, und wartete auf weitere Wellen. Ihre rotlackierten Fußnägel bildeten eine Punktreihe wie auf dem Armaturenbrett der Kommandobrücke des Tankers. Ich fragte sie, was sie denken würde, wenn ein Luxusdampfer vorüberkäme.
»Kommt denn einer?« – »Ich bilde es mir ein«, sagte ich und legte die Strümpfe zusammengefaltet neben die Schuhe. Sie hätte jetzt sagen sollen, wie ordentlich ich bin, und dann hätte ich geantwortet, Sie werden sich wundern, was erst passiert, wenn der Luxusdampfer kommt...
»Ja, und wenn er wirklich kommt?« Dann würde ich sagen: Es ist alles vollständig vor unseren Augen, vom Motorkahn über Frachtdampfer und Containerschiffe bis zum Luxusdampfer, mehr kann man nicht erwarten.
Und ich ziehe nicht wieder diese Schuhe an, ich trage Slipper aus Handschuhleder, man kann sie auch

zum Frack tragen. Füße müssen endlich so behandelt werden wie Hände.
»Slipper zum Frack?« – Ja, ich würde in Gedanken auf leisen Sohlen in die 1.-Klasse-Kabinen des Luxusdampfers schleichen, um nachzusehen, ob in einem der Schränke ein Frack hängengeblieben ist, und an der Hose ziehen, damit sie wieder genau in der Mitte hängt. Da muß noch einer sein, vielleicht beim Kapitän, er hat ihn in Verwahrung für alle Fälle ... »Was das alles soll?« – Ein Frack fährt 1. Klasse über die Meere, eingesperrt und fast vergessen. Ich blinzelte die Dame an. Oder hatte ich mir eingebildet, da hätte eine gesessen? Hatte ich Selbstgespräche geführt oder gedöst? Warum hatte ich denn meine Schuhe ausgezogen, wollte ich etwa diesen Sand zwischen die Zehen kriegen oder endlich ein paar Schritte ins Wasser machen, um die Sektflasche herauszufischen, die kopfüber darin herumtorkelte? Ich ließ die Schuhe und Strümpfe liegen und warf meinen Schlips obendrauf. Sollte sich jemand anders Gedanken darüber machen, wo der Besitzer geblieben ist oder meinetwegen die Polizei rufen. Wenn die Wellen schon so taten, als hätten sie Meilen hinter sich; warum sollte sich nicht irgend jemand genauso aufblasen an diesem Strand, der kein richtiger Strand ist, und was erleben.

Fünf Mark täglich

Das Geld liegt auf der Straße, sagte ich und hob das Fünfzigpfennigstück auf. Damit mir nicht noch mehr Redensarten einfielen, ging ich weiter. Das Fünfzigpfennigstück hatte in einem feuchten Fleck vor der Parkuhr an der Straße gelegen, und ich ging auf einen Parkplatz mit Parkuhren. Um nicht wieder nach unten zu blicken, fragte ich mich, womit man Parkuhren vergleichen könnte. Die Vergleiche lenkten mich vom Geld ab, und meine Blicke beruhigten sich auf den mattglänzenden Autodächern.
Ein Mann stieg aus seinem Wagen und horchte. Er sagte sich bestimmt wieder, daß die Tür so dumpf und sicher zuschlägt wie eine Geldschranktür, und suchte nach Groschen. Dabei fiel ihm ein Zweimarkstück aus der Jackentasche, aber er rannte weg. Ich stieß mit dem Fuß gegen das Zweimarkstück, es fing auch noch an zu rollen. Doch bevor es kippte, lag es in meiner Hand.
Mein Blick geriet unter den nächsten Wagen. Da lag ein plattgewalzter Handschuh. In meinen Fingerspitzen begann es zu kribbeln. Ich bückte mich nach dem Handschuh und fand noch drei Groschen und sagte, als stünde jemand hinter mir: Das sind meine Freiübungen kurz vor dem Büro, der Wagen ist ja mein Zuhause.

Was suchte denn der Mann da? Ich wollte jetzt der einzige sein, der das Kleingeld aufhebt. Er wartete auf einen Gebrauchtwagenhändler, der ihm hier einen Wagen vorführen sollte, wegen der Vergleichsmöglichkeiten. Als ich ein Fünfpfennigstück entdeckte, sagte der Mann: »Nun weiß ich, welchen Wagen Sie fahren, umsonst guckt man nicht mal darunter.«

In der Post bekam ich in vier Telefonzellen achtzig Pfennige zusammen. Das Kribbeln in meinen Fingerspitzen ging nicht zurück, aber da konnten sie nur in den Rückgabelöchern herumstochern. Damit sie gleiten konnten, versuchte ich es bei den Fahrkartenautomaten im U-Bahnhof und steckte die ganze Hand in die Ausgabeschlitze; erholt angelten sie sich dreißig Pfennige. Das reichte fürs Frühstück. Und weil ich gegen Frühstücksvorbereitungen und Redensarten mit vollem Mund bin, ging ich in einen Imbiß mit Stehtischen und belegten Brötchen.

Das Kribbeln in meinen Fingerspitzen ließ nach, aber meine Blicke suchten überall Schlupfwinkel, sie waren ununterbrochen unterwegs und tauchten zu lange in eine Damenhandtasche. Ich bat die Dame, ihre Handtasche zu schließen. Sie bildete sich ein, das sei nur ein Vorwand, um sie anzusprechen. Ich bedankte mich dann, daß sie ihre Handtasche doch geschlossen hatte, und bildete mir ein, auf diese Weise einen Teil der Schuld abgetragen zu haben, die durch das fremde Geld in meiner Tasche entstanden war.

Kaum hatte ich meine Blicke gebremst, stürzte ein Mann aus einer Telefonzelle. Hinter ihm klimperte es. Ich horchte und griff nach den Groschen. Am Eingang der Markthalle stand ein Getränkeautomat. Ich kam mit dem Ellenbogen dagegen, und eine Dose Apfelsaft fiel heraus. Der Apfelsaft war viel zu süß, doch dazu paßte die Absicht, das erste Fünfzigpfennigstück wie einen »Glückspfennig« zu behandeln. Und ich versteckte es.
Blitzte da nicht ein Markstück zwischen den Pflastersteinen? Aber ich hatte mich bis jetzt nur vor Parkuhren und Autos gebückt, auf der Straße war es nicht sicher genug. Meine Blicke hatten auch schon Übung, und mit Übung ist es wie mit Ehrgeiz und festen Zielen. Ich schlenderte. Das ist aber auch so eine Methode für ganz bestimmte Zwecke. Ich ging so weiter wie immer.

Vorm Dunkelwerden

Ein Motorboot fuhr an uns vorüber. »Ich würde lieber rudern«, sagte ich, »und manchmal zusehen, wie das Wasser von den Rudern tropft und kleine Kreise bildet.«

»Und ich würde dann vielleicht sagen: warum lassen wir das Boot nicht treiben? – Über uns ist dieser Abendhimmel mit den langen rosa und violetten Streifen; und was sich nicht alles in beweglichen Doppelbildern spiegelt ...«

»Haben Sie schon einmal gepaddelt?« fragte ich.

»Falls wir paddeln würden«, sagte sie, »läge ich ausgestreckt da, die Arme unter meinem Kopf verschränkt, und Sie würden auf mich herunterblikken, und ich müßte abwechselnd Sie ansehen und diesen Abendhimmel ...«

»Aber was sollte man dann sagen?«

»Ich würde bestimmt ganz plötzlich sagen: Sieht es nicht so aus, als ob sich der See allmählich färbt und die Bäume am Ufer in sich zusammensinken ... ?« Anschließend würde ich dann sagen: »Haben Sie eben den Schrei des Wasserhuhns aus dem Schilf gehört?«

»Und haben Sie das gehört? Das waren Rohrspatzen ...«

»Die Bleßhühner liegen bis an den Hals im Wasser und tauchen, wenn wir kommen ...«

»... Und hinter dem Schilf ragen Tannen empor, ganz ernst ...«

»... Irgendwo treibt schon Laub auf dem Wasser, kräuselt sich, dreht sich und segelt ...«

»... Segelt wie eine Flotte gelber Boote ...«

»... Schilf, Rohr, Wasserampfer, Seerosen und Binsen ...«

»... Wie sie sich wiegen, ganz fest miteinander verflochten ...«

»... Und höher und höher zieht der Himmel herauf ...«

»... Und bewegt sich etwas ...«

»... Das sind Wildgänse, und sie steigen schräg auf ...«

»... Mit ausgebreiteten Flügeln, eine Reihe schwarzer Schatten, höher und immer höher ...«

»... Plötzlich ist es dunkel ...«

»Und Sie sitzen da, ohne zu rudern, und wirken wie ein großer Schatten, schwarz gegen schwarz ...«

»Aber wir kehren noch nicht um ...«

»Wir lassen uns noch treiben und fahren dem scheidenden Sommer noch ein Stück hinterher ...«

»Das Motorboot kommt zurück«, sagte ich.

Und vor uns am Ufer des künstlich angelegten Sees flammten faustgroße Scheinwerfer auf, und der Mann, der das Motorboot ferngesteuert hatte, schaltete den Kontakt ab und legte das Motorboot in ein Kunstlederfutteral.

Wir blickten auf eine Reihe Birken. Ich wollte gera-

de über die Birken reden, aber da sagte sie: »Im Mondlicht sind Sie mir immer zu bleich.«
In diesem Augenblick wurden sie unten auch mit kleinen Scheinwerfern angestrahlt und wirkten nicht so bleich wie im Mondlicht, dafür aber silberner.
Und dann flammten immer neue kleine Scheinwerfer auf, sie saßen in Blumenbeeten und am Fuß von ziemlich hohen, ganz alten Bäumen, und das Kurorchester im Pavillon spielte die Ouvertüre von »Dichter und Bauer«.

Selbstgespräche eines Übermüdeten

und er bleibt
abends daheim
grüss dich Ben

Ich für mich

Wem muß ich denn noch erklären, warum ich Junggeselle bin...? Mal alles der Reihe nach: Genaugenommen bin ich alleinstehend... Nein, das klingt so aufgerichtet... Jetzt hab' ich's: Ich bin für mich; für mich mit dcm Staubsauger und den Lappen, beim Herumsitzen und Dösen, na, und beim Abwarten, Lesen, Rascheln, Stöbern und Nicken... Das klingt gesättigt und hat auch mehr Tiefe. Wo sind wir schließlich? Und Junggeselle? Das klingt noch zu sehr nach Hagestolz und damals... Und Single? Ich mach es auf deutsch...
Das alles vielleicht noch ausdiskutieren? Kenne da ein paar Leute... Partnerschaftsfeindlich soll ich sein? Entweder – oder. Partnerschaft ist eine Sache – und Freundschaft? Aus meinem Munde klingt Freundschaft eher poetisch? Dann soll es auch so bleiben... Das Junggesellendasein als Freiraum zur Realisierung alternativer Lebensgestaltung? Ich bleibe bei meiner Muttersprache und fühle mich zu Hause wirklich wie zu Hause...
Ausdiskutieren. Junggesellen etwa für eine Randgruppe halten, die aber nicht um ihr Selbstverständnis ringen muß wie, sagen wir mal, die Homosexuellen? Das geht zu weit... Ich bin für mich und weiß auch warum... Ja, warum wohl? Homo-

sexuelle haben sich inzwischen längst organisiert und bilden sogar Initiativgruppen in Parteien. Und wir? Aber was gehen mich die anderen an? Doch wenn schon: unsereins hält sich noch Wege offen und diskutiert auch nichts aus, sondern spricht vielleicht mal darüber... Mit wem denn? Am besten mit sich selbst...

Und »Gruppe«? Vor lauter Gruppenbildungen ringsherum sucht er nur eine Gruppierung: sich selbst mit dem, was er ist, hat und braucht. Aber Ordnung muß sein. Wie leicht das zu Mißverständnissen führen kann. Ich sag' lieber: Ohne Ordnung geht das nun mal nicht... Höre schon die Antwort beim Ausdiskutieren: Ordnung muß sein? Das kennt man doch zur Genüge... Wenn ich wenigstens einmal verheiratet gewesen wäre oder ein uneheliches Kind hätte, dann allerdings... Aber von vornherein »Nein« zu engen Bindungen? Bindungsfeindlich soll ich sein und zu wenig belastbar? Gleich feindlich? Ich bin höchstens mein eigener Gegner, aber Feind? Wessen Feind?

Und nun kommt's: Ich könnte mich nicht fallenlassen. Und lasse ich mich fallen, wohin falle ich dann? Ja, auf mich selbst... Lieber weicher fallen, in offene Arme und angewärmte Betten? Nicht mal in die Hand einer Putzfrau... Selbst ist der Mann. Was höre ich da...? Ist das nicht typisch? Und wie man das kennt. Zackig soll das sein und was mit Angst, Schweiß und Röcheln zu tun haben? Ausdiskutieren? Aber nicht mit mir.

Sich verströmen können... Muß mir diese Dame

jetzt auch noch einfallen, geschieden, Ende Dreißig, mit einem Kind und halboffener Bluse. Von Hingabe wollte sie nichts hören, fließen mußte es bei der, möglichst endlos... Redete immer von meiner krankhaften Mutterbindung. Krankhaft? Das fehlt gerade noch. Meine Mutter hätte erleben sollen, wie ihr Sohn seine Sachen selbst in Ordnung hält, und was stets gewechselt werden muß, ganz regelmäßig wechselt, immer an die Tür faßt, ob sie auch wirklich zu ist, und niemandem ausweicht... Wenn sie mal wieder Aufschwung brauchte, um das zu tun, was der Vater eigentlich tun mußte, sagte ich Martha zu ihr und nicht Mami oder Mutti... Ich und ein Pedant? Alle Junggesellen sind Pedanten? Ein Blick auf meine Bücher genügt? Stillgestanden wie zur Parade da in Reih und Glied – und das von A bis Z? Soll ich vielleicht noch lange suchen bei dem ganzen Durcheinander da drin? Zugegeben, ich bin genau, aber doch nicht kleinlich... Und aggressiv? Pedanten sind oft aggressiv bis zum Haß? Aggressiv heißt doch energisch aufeinander zugehen. Und wie energisch ich stets auf mich zugehe. Sollen das vielleicht andere machen? Und Haß?

Ja, aus reinem Haß mache ich sauber. Und warum? Weil nie etwas ganz sauber wird. Deshalb... Und ich gehe immer aufs Ganze? Aber wo denn sonst als bei mir? Ich bin doch für mich. Ausdiskutieren... Wenn die das schon hören: Männer, die aufs Ganze gehen. Aufs Ganze heißt für die auch vernichten. Und sofort wird das wieder politisch... Und mein

Haß? Ich habe doch nur so eine Art Haushaltshaß. Hausfrauen können in Therapiegruppen diesen Haß abbauen?
Wieder »Gruppe« – sagen wir Gemeinschaft. Also ein für allemal: ich lebe in einer Gemeinschaft mit mir und dem, was dazugehört... Prost. Wie das brennt. Ich soll gegen Wein sein? Ich bin nicht gegen Wein, nur gegen das Säuselige, das dabei rauskommt... Und beim Schnaps? Da wird es zu schnell kehlig, und hinter »Einsam« kommt dann gleich »-keit«, und die ganzen K's marschieren auf: kernig, kalt, Krieg... Ich mach jetzt Schluß. Ja, ich bin für mich. Das hauche ich mal eben so heraus. Aber diese Töne versteht man nur allein.

Untergangsstimmung

Warum ich keine Krawatten mehr trage? Sagen wir Schlips. Einen Schlips binde ich mir nur um, wenn es auf Beerdigungen für einen Shawl noch zu warm ist. Nachher lockere ich meinen Schlips ja sowieso . . . Oder falls es mal Feierlichkeiten gibt, wo dunkler Anzug Vorschrift ist. Alles, was dunkel ist, muß vollständig sein . . . Mich für einen Intellektuellen halten, nur weil ich keinen Schlips umbinde? Proteste gegen Krawatten?

Stimmt ja auch, was haben Krawatten schließlich nicht alles mit ansehen müssen, als sie noch zu Uniformen, Extra-Uniformen, Roben und weißen Kitteln gehörten . . . Schlips oder Binder? Stets so einen Strick um den Hals? Und wer Krawatten trägt, ist meistens rechts? Wo müßte ich denn ohne stehen? Will einem doch jeder gleich ansehen, wo man so steht. Da genügt schon die Krawatte? Aber ich bleibe bei Schlips oder Binder . . .

Wie verkrumpelt meine Hose ist. Los, steh auf. Ab vierzig sollte man Hosenträger benutzen, Gürtel schneiden ins Fleisch . . . Und mein Hosenboden? Zu straff darf er nicht sitzen, nein, aber er schlottert ja nicht, ist aus Baumwolle, darf leicht durchhängen . . . Lederjacken statt Sakkos? Darin soll einem alles so ziemlich egal sein können, doch zwischen-

durch auch einmal ein bißchen kämpferisch. Und dazu Jeans. Mit Lederschuhen soll das sogar angezogen aussehen...
Parkas als Protestkostüme? Was heißt hier Kostüm? Könnte in einem Atemzug noch »amüsant« sagen... Wer sagt denn noch amüsant? Amüsant sagte man mit einem Siegelring am Finger und der passenden Krawatte zum schneeweißen Hemd... Parkas, Bundeswehr, Militante, Junglehrer, Pastoren... Alle in einer Marschkolonne? – Wie zieht man eigentlich Friedenskämpfer an...? Mir fehlt ein Hut. Wo sieht man denn überhaupt noch Hüte? Ältere Damen tragen sie noch, ganz feierlich. Hüte bei Demos...? Mädchen setzen sich jetzt Herrenhüte auf. Aber sie lachen nicht darüber. Eines Tages werden trotzdem genug Hüte im Weltall kreisen, und Lederjacken und Jeans und Parkas. Aber verhältnismäßig wenig Büstenhalter und Spazierstöcke. Was fliegt von einem nicht alles weg, wenn der große Knall kommt?
Zur Untergangsstimmung das Passende anziehen? Noch reicht das Geld. Ich hole mir aus einem Second-hand-Shop einige Übergrößen, außer Hosen, und fang an zu flicken, halte das Ganze schmuddelig, verwische meine Körperformen und kriege für ein paar Mark, was man vom Untergang sehen muß... Hänge nichts auf Bügel, reiße mir alles vom Leibe und werfe es irgendwo hin. Ist ja alles zum Wegwerfen...
Aktenkoffer nur für Karrierebewußte? Im Flugzeug lauter Aktenkoffer? Möchte sie an Fahnenstangen

hochziehen. Knarren statt Flattern. Das ist es... Oder Schultertaschen, ganz lässig als Globetrotter-Look! Aber wo käme man denn hin, wenn alle mit selbstgestrickten Brotbeuteln nicht nur auf Straßen und in Wälder gehen? Oder Flugreisen im Weltschmerz-Look? Und dann eine Notlandung? Wer von ihnen bestimmt die Überlebensstrategie?

Und Autos, wie zum Anziehen, und Autos zum Zertrümmern, und Autos mit Aufkleber, und Autos zum Umkippen. Und die Abzeichen im Knopfloch, und die Bärte wie einst zu Stehkragen... Und auf dem Rad, da ist es für manche nicht wie auf dem Rad, die sehen sich als Roß und Reiter. Da fahre ich mal Rad und werde von einem überholt, dem alles runterhängt: der Blick, die Haare, das Hemd, und aus dem Hals die Zukunft... Lodenmäntel für Bayern und pensionierte Beamte? Immer dieser gute Ruf nach Natur... Und die Wanderschuhe... Und die Ledermäntel... Die grauen. Aber wer weiß denn noch, daß die Gestapo sie trug, auch ganz lang und mit Gürtel... Wenn der Gesichtsausdruck dazu bloß nicht wäre, zu Schlips und Kragen, offenem Hemd und verkrumpelter Hose, Lederjacken und -mänteln, Turnschuhen, Hüten und Autos, und beim Wandern mit Brotbeutel oder ohne, und Flicken da, wo keine Löcher sind, und im Flugzeug mit diesen Aktenkoffern... Ich geh heute nackt ins Bett. Ich protestiere gegen meinen Pyjama. Das ist ein Mischgewebe aus Baumwolle und Polyester. Pst. Baumwolle saugt auf und Polyester wärmt. Mal abwarten, wann ich drin bin. Wie sehe ich denn aus? Moment mal. Offenes Hemd, schlotternde Hose, halb ausgezogene Strümpfe... Wer redet denn da? Ich. Aber was sage ich denn bloß, wenn ich nackt bin?

Leistungsbilanz

Ist das etwa keine Leistung: wieder pünktlich aufgestanden, Appetit beim Frühstück, nichts gegen das Wetter, keinem hinten reingefahren, und der Sekretärin länger die Hand geschüttelt; sie stellte gerade eine Blumenvase in den Schrank. Und prompt das erwartete Ferngespräch. Zwölf Minuten vorgesehener Ärger, nahm ihn als Antrieb ... Fragte mich der Chef doch wieder, wann ich denn nun zum Abchecken in die Klinik gehe. Alle zwei Jahre will man ja wissen, ob nicht doch irgendwo was steckt. Danach ein Ziehen in der Leistengegend ...

So, hoch die Beine ... Das fehlt mir gerade noch. Wie komme ich denn auf Liebe, und das ganz ohne Umschweife und ausgerechnet hier? Liebe, ja wenn das keine Leistung ist ... Müßte mal auflisten, was da an Posten zusammenkommt ... Resultat: falls das richtig losgeht und unvergeßlich wird, gleich Leistungseuphorie ... Wie kann ich meinen Leistungswillen bezweifeln hier am Schreibtisch? Mich vielleicht gegen jegliche profitorientierte Ausbeutung zur Wehr setzen? Bin ja immer noch freiwillig hier.

Füße runter. Wieso, es sieht dich ja niemand. Also, vierzehn Briefe diktiert. Routinebriefe, und der Ton? Ich habe keinen verletzt, bin noch für alles offen; ist das etwa nichts? Schon die dritte Tasse Kaffee. Was kann man nicht alles schlürfen wie Kaffee... Und dann noch ein Todesfall. Der Portier. Exitus gegen Mitternacht. Seine Frau ruft ganz verzweifelt bei uns an. Und was hört sie? Seine Stimme vom Tonband. Ich werde sie löschen lassen... Wollte um sechs bei ihr sein. Es wurde halb sieben. Ein Ruck, und meine Stimme ging tiefer. Jetzt wieder...

Gedächtnistraining gleich Leistungstraining: wer nennt schon sämtliche Mitarbeiter beim Namen? Ach ja, die Motivationen. Man motiviert und motiviert; ich rege lieber an... Was steht denn da? Nochmal drüberfahren, absichern. Und weitere Aktennotizen, immer alles schwarz auf weiß... Diese Konferenzen. Aber das kann man ja nicht laut sagen: Konferenzen werden einberufen, weil sich einer nicht traut. Auf der Konferenz traut sich dann keiner mehr. Ja, und Konferenzen werden einberufen, damit niemand merken soll, daß einer herrscht... Auch nichts Neues... Um was ging's denn mal wieder? Um mehr Lernfähigkeit, stärkeren Leistungswillen, kreativere Denkprozesse, Fakten, Innovationen.

Gesundschrumpfen... Und ich? Wollte diese Hülsen endlich mal knacken und kam mit Schaffensfreude, Willenskraft, Tüchtigkeit und Ehrlichkeit... Keine Resonanz, jeder leierte, ja, was denn sonst, wie gewöhnlich seine Sprüche runter... Beine hoch!

Anruf aus New York. Kollege Habermann. Zuviel

Atmosphärisches. Mord auf irgendeiner Party. Er war zufällig nicht dabei. Na und? Da ist ein Leben überhaupt nichts mehr wert in New York? Sein Job auch nicht. Verfolgungswahn? Mal so ein Mord aus heiterem Himmel? Muß ja auch nicht unbedingt einen Sinn haben, so ein Mord. Himmel, Hölle, lieber Gott ... Kommen Sie zurück, Herr Kollege, abwickeln und dann mal sehen, was wir hier vielleicht noch für Sie haben. Es ist wohl höchste Zeit ...

Wenn mein Vater mich hier so sehen würde. Er hat ja alles nur für mich getan: Pflichtgefühl und Schaffensfreude. Deshalb mußte er im Krieg auch schießen. Na bitte, was sind dagegen die Morde in New York? ... Und vorhin der Chef. Ruft mich zu Hause an. Ich und mir darauf vielleicht noch was einbilden? Seine Frau soll doch nur sehen, daß er keine Ruhe findet. Er will vor mir zum Abchecken in die Klinik. Es ist wieder der Magen. Ob es Krebs sein kann? Hab ich mit »Hm« geantwortet oder mit »Ah ja«? Liegt im »Hm« nicht ein wärmerer Ton? Wärme gleich Anteilnahme.

Ich mache meinen Job. Und wenn aus heiterem Himmel mal auf mich geschossen wird? Ganz ohne Grund? Tod nach Wahl? Hallo, New York, gibt's da vielleicht gerade wieder so was? Oder unten auf der Straße ...? Mal nachsehen. Muß es denn immer was Besonderes sein? Einfach ein Raubmord, fertig. Der Chef Opfer eines Raubmordes? Solche Publicity haben wir nicht nötig ... Und der Nachruf? Man müßte ihn auf alle Fälle vorbereiten. Ja, das gehört dazu. Meinen könnte ich selbst verfassen. Aber wer interessiert sich denn dafür? Dieser Konkurrenzdruck, und was noch? Ja, Leistungsdruck, Leistungswille, Leistungseuphorie, Ehrlichkeit und Durchsetzungsvermögen... Und was dann? Also, bis morgen...

Ob ich das war? Niemals. Das ist doch der Herr gewesen, der eine Etage höher wohnt. Ich hab mich nur in ihn hineinversetzt. Soll er doch nachts nicht in seinem Zimmer auf und ab gehen, immer vier Schritte vor und zurück, dieser Diplomkaufmann.

Gegen Normalverteilung

Ich soll kein normaler Mensch sein, schlicht gesagt, nicht so üblich und gewöhnlich wie andere? Wie steht's denn mit meinen Merkmalen im Mittelfeld der Normalverteilung ...? Zugegeben, ich schlafe lieber im Sessel und gehe erst ins Bett, wenn's eigentlich schon zu spät ist. Deshalb kürze ich da eben auch alles mögliche ab ... Im Bett etwa lesen? Auch das noch. Wie viele jeden Tag im Bett lesen? Wenn es wenigstens dabei bliebe ... Ich lese im Sessel. Da kann ich auch protestieren. Und diese Bewegungsabläufe daraufhin, innerlich und äußerlich. Sie schaffen zusätzliche Spannkraft, und stets bleibt ein Gefühl der Achtung übrig, ob für den Autor oder für mich.

Ja, wo ich auch gehe und stehe, ich grüße immer zuerst. Man kann doch nie wissen, ob man da plötzlich Hilfe braucht. Und im Auto suche ich auch nie das Weite. Fluchtgefühle, Freiräume und Freizeitwerte, das bleibt für mich, vom Auto aus gesehen, alles Theorie ... Ich hinterm Steuer? Und das ganze Blech vielleicht noch mit der eigenen Haut verwechseln? Ich würde nicht mit jeder Beule in die Werkstatt fahren, im Gegenteil, sie wie zur Erinnerung stehen lassen. Bin Sammler ... Stehe auch nachts nie am Fenster, um nachzusehen, ob der Wa-

gen noch da ist. Gebe mich auch keinen Träumen hin, was aus uns beiden wohl noch mal wird. Die Rostkabine auch noch vermenschlichen? Aber das Auto sichert immerhin Millionen Arbeitsplätze. Und mein Konsumverhalten?
Ein Konsummuffel also. Das Beste soll mir gerade gut genug sein? Ich will immer, daß alles lange hält? Sollte lieber beim guten Durchschnitt bleiben, öfter mal was Neues? Und ich arbeite nur zu meinem Vergnügen? Stimmt. Ich tue einfach so, als gebe es mich ohne meine Arbeit gar nicht. Eine Zweierbeziehung? Mehr noch: wir beide sind wie ein stressiges Ehepaar, das aber niemandem verrät, wie oft es an Scheidung denkt und den haltbarsten Stellen noch alles zutraut...
Normalerweise will man es ja immer besser wissen. Aber ich doch nicht. »Wenn wir Sie nicht hätten!« Diese Anrede galt tatsächlich mir. Und was sagte ich? Kenne da noch einen besseren... Gar nichts festhalten wollen? Immer dieses gestörte Verhältnis zu Positionen und Eigentumsbildung? Mich dadurch nur interessant machen? Ob ich nicht auch mal was anderes werden wollte? ... Aber was wäre dann aus mir geworden...? Die Vergangenheit einfach ruhen lassen? Die sieht man mir doch an, kann da nichts verstellen. Auch ein Störfaktor. Wirke wie ein Mahnmal, wenn ich plötzlich irgendwo stehen bleibe...?
Eine Freundin neben der Ehefrau. Das wäre in meinem Fall doch ganz normal? Aber so was reibt auf, führt zu hastigem Trinken, Fachärzte wissen nicht,

wo sie die Rechnungen hinschicken sollen, und immer dieses heimliche Fitneß-Training und die erhöhten Versicherungsprämien. Und keine Sehnsucht nach Sicherheit und Geborgenheit, nach dem Ausbau des Dachstuhls, nach verbilligten Urlaubsreisen, ja, nach Basteln, Bauen und Buchen? Und nach einer festen Stellung mit zusätzlicher Altersversorgung durch den Betrieb? Ich halte nichts fest, und man darf mich nicht festhalten, nur meine Arbeit hält mich fest wie den Vogel das Fliegen ... Schön gesagt.

Und sonntags Arm in Arm, um gesehen zu werden, den Bratenduft noch in der Nase. Und wie man sich über die begossenen Topfblumen gefreut hat, und daß die Türgriffe aus reinem Messing im Preis fallen und die schlechten Zeiten ja nicht wiederkehren können, denn so schlecht, wie es einmal war, kann es nie wieder werden; und daß es früher zu Hause noch nach Bohnerwachs roch und Eingemachtem, wenn man sich seinerzeit so vergewisserte, was einem geblieben war.

Ich gehe lieber hinter solchem Paar her und biege dann ab, möchte doch meinen Bundestagsabgeordneten mal in Pantoffeln sehen. Der ist ja auch auf mich angewiesen, und dann ist man ganz unter sich, und die Frau kocht Kaffee und zieht sich schnell was über. Und vom Sinn des Lebens spreche ich nur, wenn ich mich völlig in Gewalt habe, und ist der liebe Gott dann an der Reihe, zitiere ich Bibelsprüche, um was in der Hand zu haben.

Und gehe ich doch mal rechtzeitig ins Bett, wünsche ich mir einen Riesenpinsel, um die Zimmerdecke bunt zu machen, mit Klecksen zum Kichern. Bei mir kommt der Maler nicht alle vier Jahre, und, um Gottes willen, ich bin es gewohnt, überall mit Hand anzulegen, auch an mich selbst.

Unterwegs mit Wut

Jedesmal bellt er mich an. So wütend möchte ich auch öfter sein. Und dann nichts wie ran damit. Aber Bingo ist edel. Herrchen trägt den Stammbaum neben dem Personalausweis in der Brieftasche. Seine Rente reicht für beide. Keine Spur von Sozialneid . . . Und Bingo hält ihm, na, was wohl, die Treue. Stammbäume und Liebesschwüre? Die flattern auf Flohmärkten herum. Gefilzte Nachlässe. Und dazwischen Familienfotos, echt vergilbt . . . Familienchroniken machen unheimlich Geschichte. Man will ja wieder wissen, woher man kommt. Identitätssuche, falls man sonst nichts mehr verkraften kann. Gleich werde ich wütend. Wer bin ich denn . . . ? Möchte schreien. Hier geht's ja, auf offener Straße. Aber sonst? Wer schreit, hat unrecht, machtbesessen ist er, ein Unterdrücker . . . Ich halte mein Ich hoch, aber die Basis des Ich ist das Selbst. Ich selbst folglich bin wütend . . . Bums. Wieder ein Zusammenstoß. Grünes Licht für Wut. Ich und am Boden? Die kriegten meine Wut zu spüren, aber alle . . . Sehe ich vielleicht aus wie einer, der mit sich selber redet? Wenn schon. Aber warum sieht mir denn niemand nach?

Die Kollegen. Hallo! Ist da aber Druck hinter. »Hallo« kommt von der Jägersprache, man ist auf

der Fährte. Und noch mal: Hallo. Kein guten Morgen, nichts Besänftigendes. Ich scheine wohl voll da zu sein heute früh. Und ob, bis an den Rand gefüllt, vollständig. Vollständig sagt man nicht mehr ... Ja, ich bin voll da. Das sollte ich aber gar nicht? Ich hätte einen knallroten Kopf? Reizüberflutung? Nein, das ist meine Tagesform. Ich und Fieber? Muß auch noch niesen. Ich soll mich erkältet haben? Ich bin nur heiß vor Wut. Endlich mal. Fühle mich erleichtert, springlebendig. Steige höher. Alles klar. Jetzt hab' ich ihn, den Durchblick.
Wie bitte? Meine Erkältung ist berechtigt, genauer gesagt, es ist völlig berechtigt, jedes Jahr die Grippe zu haben. Aber ich hab' sie doch gar nicht, verdammt noch mal ... Ich soll wieder nach Hause gehen und schwitzen, nichts als schwitzen. Ich schwitze vor Wut, könnte jede Grippe damit austreiben. Gut, ich niese nochmal. Was fliegt einem nicht alles in die Nase. Ich gehe, vor Wut. Will ja niemand anstecken. Andere wütend machen, bei dem Betriebsklima.
Ist ein Schatz, meine Wut. Will das mal deutlich sagen. Sie nach Hause tragen? Ja, auf beiden Händen ... Aber überall wird man besänftigt, man veranstaltet Befriedungsaktionen, hält die Mitte. Aber ich will da raus. Bin einfach gegangen, völlig berechtigt. Jetzt hab' ich auch noch eine Wut auf mich. Wenn das nicht perfekt ist. Mit dieser Wut, dem Schatz, etwa noch taktieren? Dazu ist er mir viel zu schade bei meinem Selbstverständnis heute ... Und wie sie brennt, die Wut; durch Wut in einen Fieber-

rausch? Das soll mir erst mal jemand nachmachen. Und das auf der Straße ... Kommt mir auch noch ein Kinderwagen in die Quere. Zwei Tanten schieben ihn. Meine Tanten haben mich auch immer geschoben. Ich koche vor Wut, und meine ganzen Jugenderinnerungen brodeln plötzlich mit; auch das noch. Und meine Vorfahren starren mich aus vergammelten Rahmen an. Auf zum Flohmarkt ...
Fehlt gerade noch, daß jemand sagt, der spinnt wohl, redet am hellichten Tag mit sich selbst und dann noch so was. Ja, was denn sonst, hier bin ich frei. Und voll da. Hier kann man mir nicht den Mund verbieten. Zu Hause gibt's ja noch die Nachbarn ... Wie sehe ich denn aus? In dem Schaufenster ist eine Spiegelsäule. Die Nase ist rot. Logisch, das ganze Gesicht ist ja rot. Und mir will man eine Erkältung einreden ...?
Diese Wut heute erspart mir sämtliche Tabletten und meine Diät. Und hab ich die Wut erst zu Hause, werde ich mit ihr drei Tage fasten. Das wollte ich doch immer schon mal ... Hoffentlich kommt mir niemand zu nahe; wer mich jetzt anfaßt, hat das Nachsehen. Wut macht auch stark. Wie ich marschiere. Und die Tanten da mit dem Kinderwagen. Sagte die eine nicht: »Nur ruhig, mein Kleiner?« Bloß nicht alles auf sich beziehen. Bin schon wütend genug. Da ist er ja wieder, der Bingo. Mich sehen und bellen. Der spürt meine Wut. Und wie stehen wir da? Mit erhobenen Köpfen, als Partner.

Zugluft

Es zieht. Aber bald kommen die Thermopanescheiben. Dann ist alles abgedichtet. Kein Luftzug mehr. Und die Wohnungstür kriegt einen Filzbelag auf die obere und untere Kante. Es zieht. Noch zieht es. Manchmal zog es auch gar nicht richtig, und pusten kann man ja nicht sagen. Meinetwegen: es pustete. Puste kann verschiedene Temperaturen haben, sie kommt aus dem Inneren und ist ganz persönlich.
Es zieht. Wer das im falschen Augenblick sagt, vielleicht wenn einem gerade heiß ist und man sich mit dem anderen noch heißer vorkommen will, der könnte genausogut sagen: Du läßt mich kalt. Er müßte einem den Rücken zudrehen oder im falschen Augenblick an der Bettdecke ziehen ... Gerüche aller Art – ich denke an Gebrauchtes aller Art – alles, was riecht, hat mir die Zugluft gebracht. Soll ich mal riechen? Geht einem die Zugluft in den Nacken, kann er steif werden. Aber dann muß man lange genug dasitzen und es doch irgendwie merken, oder versunken sein in irgend etwas und sich plötzlich in den Nacken fassen. Aber da kratzt man sich eher mal ... Ich rieche und warte auf die Zugluft. Sie kommt, und ich ziehe sie in die Nase, atme sie ein und aus, gehe auf sie zu ...
Es zieht wieder. Morgen noch und übermorgen.

Was heißt denn erkälten? Soll ich mich vielleicht erkälten zur Erinnerung an die Zugluft, die letzte gewissermaßen bei mir zu Hause? Mich abtoben auf dem Korridor und dann den Schweiß in der Zugluft schmoren lassen?

Es zieht! Wenn ich das schon höre. Jahrelang hatte es gezogen. Aber wenn man zu oft sagt, daß es zieht, ist noch etwas Schlimmeres damit gemeint. Es hat doch schon aus nichtigeren Gründen Streit gegeben, sogar mit tödlichem Ausgang... Aber wenn es nicht mehr zieht, weil die Thermopanescheiben nichts durchlassen, werde ich künstlich Luftzug machen, die Türen auf- und zumachen und die Wohnungstür öfter offenlassen, und mit allen Türen schließlich wedeln. Aber dann wirble ich die Luft ja nur auf, sie zieht nicht ab, setzt sich fest, bleibt stehen. Und dann die Fenster aufreißen? Das ist mir zu gewalttätig, dann kommt je nach Luftdruck so ein Schub Luft rein und will nicht wieder raus. Dann müßte es schon wehen, einmal durch die ganze Wohnung wehen. Aber was dann zurückbleibt, ist meine Luft. Sie hat doch das meiste von mir.

Ich bleibe sitzen. Es zieht. Ich setze mich an den Tisch. Da zieht es auch. Wo ich mich hinsetze, zieht es. Wie lange noch? Zwei bis drei Tage. Und wie es jetzt zieht. Kühl, aber nicht kalt. Fast unpersönlich. Ich atme tief. Aber die Luft, die dabei herauskommt, war ja schon lange vorher da. Wie riecht sie denn eigentlich? Ein Luftzug schnappt sie weg.

Schicksalsschlag

Was ich noch so alles in der Hinterhand habe? Wie wär's mit einem Schicksalsschlag? Nehmen wir mal den: Komme nachts vom Bahnhof und muß dem Taxifahrer doch dreimal sagen, wohin ich will, nach Hause, in die Roonstraße 11. Werde aber gar nicht stutzig ... Woher sollte ich denn wissen, daß meine Wohnung im Dachgeschoß ausgebrannt ist? Es hätte ja in der Zeitung gestanden. Aber doch nicht da, wo ich herkam ...

Wozu erst aussteigen? Kann doch durchs Wagenfenster sehen, daß da oben alles weg ist, bis auf die Fassade. Laß mich sofort ins Hotel fahren, wohin denn sonst? Nach solchem Schicksalsschlag will man doch wieder eine Tür hinter sich schließen ... Der Portier soll mich mit der Polizei verbinden. Warum so umständlich? Ich hätte ja bedenken müssen, daß um diese Zeit von solchem Hotel aus kein Gast mit der Polizei telefoniert ... Der Polizist will zurückrufen. Meine Nachbarn rufe ich aber nicht an. Bilde mir doch nicht ein, daß die wegen des Brandes nicht schlafen können und sich immer wieder fragen, was ich bloß mache. Will da keine Rivalitätskonflikte heraufbeschwören ...

Die Polizei ruft an: keine Personenschäden, Brand in dem sogenannten Studio nebenan ausgebrochen,

von dort griff er über; keine Brandstiftung also. Für weitere Fragen steht die Feuerwehr zur Verfügung... Jetzt schlage ich aber bei den Leuten Alarm, wo ich mich immer so fühlen soll, wie ich gerade will. »Meine Wohnung und ausgebrannt?« So was lesen die nicht in der Zeitung. Und dabei jedesmal die Bettgeräusche. Keiner springt auf. Natürlich bin ich versichert... »Da kommt man also nach Hause, und alles ist vorbei.« Alles ist weg, sag ich, aber alles. Und warum ich wohl immer so viel verschenkt habe? Weil ich ahnte, daß es mal soweit kommen wird, mit dem Schicksalsschlag; nur rechtzeitig weg mit den Sachen. Hab viel zu wenig verschenkt... Wer reduzieren will, darf erst vor dem Notwendigsten haltmachen... Was das denn wohl sei? Das bin ich, sag ich und lege auf. So einen Schicksalsschlag auch noch zerreden...?
Die rufen bestimmt zurück. Und wen ich noch anrufen sollte? Wieso ich, das spricht sich doch jetzt rum... Ich und aufgeregt? Das Telefon klingelt und klingelt. Ich lasse keinen ausreden, sage nur klipp und klar, daß ich doch nicht aufgeregt bin; warum soll man sich denn aufregen, wenn endlich das weg ist, was man sowieso nicht mehr haben will. Habe ihnen doch damit auch erspart, anzufragen, ob ich die Sachen nicht wieder zurückhaben möchte, die ich ihnen geschenkt hatte; deshalb waren die so aufgeregt...
Liege auf dem Bett. Bloß nichts trinken. Habe nichts runterzuschlucken. Schiebe die Hände unter meinen Nacken. Eine Pose? Lasse das Telefon klin-

geln und denke an morgen. Aber morgen ist es ja schon, es ist halb drei. Sage mir, heute früh wirst du so tun, als ob du einkaufen gehst, und dich als Opfer betrachten. Man denkt aber nur daran, dir was zu verkaufen, wird von Hab und Gut sprechen ... Kann denen doch nicht sagen, daß ich darauf verzichte, auf meine Sachen. Woran hängen die denn sonst ihr Leben? Werde eine Anzeige aufgeben: »Opfer eines Wohnungsbrandes. Erfahrungspartner gesucht.« Galgenhumor? Dafür hab' ich noch ganz andere Schicksalsschläge in der Hinterhand ...
Hauptsache gesund, haben alle gesagt. Und daß ich endlich gesund bin, wem verdanke ich das wohl? Diesem Schicksalsschlag. Was ist gesünder, als sich leichter zu fühlen denn je ... Gewichtsabnahme durch Gemütsbewegung? Hunger hab' ich, aber was ich nachher auch esse, es wird schneller verbrannt als sonst ... Ich werde auch nicht umherirren wie der Besitzer des Studios, verarbeite alles weitere mit den Händen unter meinem Nacken, knete da unauffällig im Halbdunkel und knete ... Und das freie Wochenende? Nichts wie raus? Dann müßte ich wieder packen. Aber von jetzt an ist immer schon alles gepackt; und das, was früher aus- und eingepackt werden mußte, sieht mich nicht mehr so an, als wollte es lieber da bleiben, wo es ist ...
Was ich sonst noch brauche? Nur mich allein. Denn ich bin ja frei. Und Freiheit ist für mich jetzt auch, nackte Wände künftig als Leinwand zu betrachten. Da flimmert es vor meinen Augen dann wie im Ki-

no, und kein Blick stößt sich an Bilderrahmen und Sessellehnen... Meine Phantasie überanstrengen? Sie wird nur beschleunigt, schwingt sich ganz von selber auf und schafft den Durchbruch. Wie das Telefon klingelt. Und das morgens um fünf Minuten nach halb drei. Ich hab' doch alles gesagt. Dieser Schicksalsschlag. Aber was soll ich damit eigentlich in der Hinterhand? Wann kommt er denn nun endlich...?

Zukunftsängste

Schon wieder die Zukunft. Immer mischt sie sich ein. Und wie ich mir sie vorstelle? Für mich ist sie wie 'ne Gewitterwolke auf Horrortrip, so'n Allesfresser mit Weichteilen; ein wieseliger Schlupflochtyp . . . Ich und vorgesorgt? Für was denn alles? Das gibt 'n Katalog. Meine ganzen Verdrängungskapazitäten brauch ich doch für heute. Wenn ich morgen aber tot bin, ist ein Schatz da, den man nur noch zu heben braucht. Das sagt der Versicherungsvertreter. Soll jemand finden, der ihn hebt . . .

Aber um mich geht es, um wen denn sonst? Und ob ich wirklich vorgesorgt habe? Jeder sorgt doch ununterbrochen vor, nimmt, was er kriegen kann. Stell mich jetzt ans Fenster und zähle mal zusammen: alle die Zukunftsängste bei denen da unten; werde sie personalisiert an mir vorbeidefilieren lassen, die Parade abnehmen wie jemand, der sicher sein will, daß sich erstmal die anderen gesichert haben, werde lange am Fenster stehen und nichts anderes tun . . .

Da kommt er. Der geht nicht spazieren; seine Frau hat nur zu ihm gesagt, geh doch mal runter, bis das Essen fertig ist. Mit achtundsiebzig noch eine Zukunft? Solange er noch runtergeht, bis das Essen fertig ist, hat er eine. Und was hat er zu mir gesagt?

»Wenn ich mal sterbe, kann ich sagen, daß ich immer gut gegessen habe...«

Und der Herr da in der Cordhose? Mogelt sich so durch. Schiebt alles auf sein Herz, aber nicht auf sein Alter und die wirtschaftliche Lage; er ist achtundfünfzig, und man hat ihm gekündigt. Mitreden kann er, und im Urlaub bekam er immer ein schlechtes Gewissen. Expedient ist er gewesen. Klammert sich an früher, wo Männer in seinem Alter in die höchsten Stellen aufrückten, und Lok-Führer von D-Zügen nicht viel jünger sein durften als er. Am liebsten möchte er schießen und alles verpulvern, wieder aufs Ganze gehen. Und die vorgezogene Rente...? Wenn sonst nicht längst alles bezahlt wäre, was dann? Seine Sparzinsen hebt er immer am Heiligen Abend ab. Letzte Woche hat er einen Einbrecher in die Flucht geschlagen. Seitdem klammert sich seine Frau nachts wieder an ihn, und er hat beschlossen, wenn's sein muß, in Zukunft auch körperlich zu arbeiten, aber schwarz...

Da ist Ruge. Beinamputiert. Unfall im Betrieb. Seitdem geschieden. Humpelt und humpelt drauflos. Aber auf was? Trinkt zuviel. Hüpft dann mit seiner Prothese nach Hause und prustet laut heraus, daß er versorgt ist. Immerhin, er hat den Unfall überlebt, und damit meint er, daß er die Zukunft schon gehabt hat und überläßt alles weitere fürsorglichen Gastwirten, dem Fachverband und anderen zuständigen Stellen...

Und Heinz-Dieter da? Umschlingt Monika. Sein Vater ist Oberstudienrat, und seine Mutter macht

transzendentale Meditation. Antiautoritär ist er erzogen worden, hielt sich sogar noch was darauf zugute, für drogenabhängig zu gelten, und versagte in einer Kommune aus Eifersucht. Kriegsdienstverweigerer ist er auch und hat mit einer Behinderten in der Anstalt, wo er arbeitet, noch eine Seelengemeinschaft, sieht seine Zukunft als Krankenpfleger, will nicht mehr Medizin studieren, und Monika wird Sozialpädagogin... Und wenn er hier keine Zukunft hat, dann in der Dritten Welt. Seine Eltern sagen: Um des lieben Friedens willen... Heinz-Dieter ist mit Monika in der Friedensbewegung, sein Vater redet auch immer davon, aber wegen seines Beamtenstatus bleibt es dabei...
Da ist mein Hauswirt. Das ist ein alter Nazi. Der hat nur an seine Zukunft gedacht und rechtzeitig Trümmergrundstücke gekauft und mit öffentlichen Mitteln gebaut; hält sich für risikofreudig. Und für was noch? Für einen Mann mit gutem Gewissen. Und wäre er kein Nazi gewesen? Dann hätte er doch auch nur ein gutes Gewissen, denn die Frage sei doch, ob man mit einem schlechten so weit gekommen wäre... Er hat's geschafft. Mit gutem Gewissen in die Zukunft? Was soll sie damit...?
Ich ein Zukunftsmuffel? Die Zukunft nicht meistern wollen, keine kreativen Kräfte für sie bereitstellen? Ein Krisenmann, ohne Biß...? Steh immer noch am Fenster, und unter mir geht's weiter; eine Zukunftsangst hinter der anderen. Und meine Zukunftsängste? Ich sollte jetzt doch auch welche haben. Na bitte, da sind sie: bin noch lange nicht weg

vom Fenster, obgleich ich nicht vorgesorgt hab. Mich aber von der Zukunft ausbeuteln lassen? Ich mach das einmal ganz anders. Wie wäre denn das? Sehe mich zur Abwechslung einfach mal in Gottes Hand. Das ist doch wieder der Trend...

Das mit dem Kopf

Kopfschmerzen. Aufwachen und Kopfschmerzen. Kein Licht machen. Den Kopf leicht anheben und abtasten. Zuerst die Stirn. Drücken. Aber mehr zu den Schläfen hin. Gegen die Schläfen drücken. Die beiden Mittelfinger können es am besten. Und zum Schluß die Daumen. Mit den Zeigefingern drücke ich hinter meine Ohren. Drücke die Ohrläppchen zusammen, ziehe dran.
Nun mit dem Handrücken über die Nase fahren. Ja, ganz oben tut's weh. Ich nehme mein Nasenbein in die Zange, mit spitzem Daumen und Zeigefinger. Und reibe. Sich die Nase reiben, vielleicht an Fensterscheiben, sich die Nase stoßen, auf die Nase fallen. Ich halte die Nase zu. Ringe nach Luft. Stirn und Nase: zwei Striche zeichnen. Den Mund zeichnen ist noch einfacher. Ich sehe mich abgezeichnet... Die Backenknochen. Und über dieser Brüstung die Augen. Ich tippe sie an. Tippe wie auf eine Taste. Ich blinzle. Und was sehe ich im Geiste vor mir? Blutgefäße und Nervenfäden, ich brauchte den feinsten Pinsel, den es gibt, um das Gestrüpp farbig aufzumalen. Muß mir über meinen Kopf denn immer etwas Besonderes einfallen?
So, mit beiden Händen über die Wangen zum Mund. Ich sollte den Mund halten. Wenn jemand

genau wüßte, was er in seinem Leben alles gesagt hat, Wort für Wort. Und warum muß ich mich immer so oft wiederholen? Ich setze mich aufrecht hin. Ja, zur Belohnung. Und ich will nicht zurückblikken, sondern gefaßt dasitzen. Mit den Kopfschmerzen. Ich hätte viel öfter Kopfschmerzen haben müssen. Wer nie Kopfschmerzen hat, wo spürt der denn, was da alles ununterbrochen abläuft...

Jetzt werde ich die Hände vors Gesicht schlagen und mir einige Leute vorstellen, die in diesem Augenblick auch nichts anderes tun. Oder soll ich warmes Wasser aus der Brause lassen und damit über die Stellen gehen, wo die Kopfschmerzen vielleicht herrühren könnten? Dann müßte ich mich ganz ausziehen. Aber es ist doch nur der Kopf, und wenn man ganz ausgezogen ist und gerade aus dem Bett kommt, büßt der Kopf etwas ein; das liegt auch an den wirren Haaren. Daß ich trotz der Schmerzen noch an Würde denke? Der Kopf als Sitz des Geistes und der Gedanken, und alle gemalten Köpfe dazu? Nicht nur die abgemalten, auch die anderen, die auf den ersten Blick nicht wie Köpfe aussehen, aber auch Köpfe sein sollen?

Oh, mein Kopf. Ich werde die Kopfhaut massieren. Rund ist er nicht, und hinten ist so ein Knubbel, oder wie man die Stelle nennt, gerade groß genug zum Draufdrücken. Ich drücke und drücke. Vielleicht geht dadurch irgendwas in mir los, oder mir geht etwas auf. Wenn mich jemand so sehen würde. Kommen die Kopfschmerzen vielleicht auch daher, daß ich mir immer einbilde, überall gesehen zu werden mit allem, was ich habe und mache, durchsichtig zu sein, und zum Schluß muß allein der Kopf damit fertig werden?

Ich drücke die Kinnspitze gegen meine Brust und sammle mich.

Und meine Kopfschmerzen? Durch sie bin ich meinem Kopf doch wieder ein Stück näher gekommen. Statt zu sagen: was du deinem Kopf zu verdanken hast, kommt ein Seufzer, ein Geräusch also unter vielen, für die man im Bett nie ganz verantwortlich ist, wenn man sich an den Kopf faßt...

Rollenspezifisch

Wie viele Rollen ich spielen kann? Am besten den Beleidigten? Beim Erwachen schlage ich erst mal die Hände vors Gesicht. Und kaum habe ich die Augen aufgeschlagen, fange ich an zu reiben, mich durchzuklopfen, bis ich überall ganz rot bin ... Vorm Spiegel steht dann ein Typ, dem die Haare zu Berge stehen. Und das ist der Einstieg.
Wie war's denn heute nacht? Das könnte auch noch aufrütteln. Sie wollte meine Liebesfähigkeit testen. Ich und bocken? Hab mich da reingeworfen, wie einer, der längst nicht alles hergibt, was er hat, obgleich er könnte, und wie ... War ich stramm? Sind wir nicht beide gleichzeitig durchs Ziel gerast? Doch keine Situationsromantik danach, sondern Kniebeugen und Arme schwenken, fit für den nächsten Zusammenprall ... Aber dann mein Rollenwechsel; sie sinkt in die Kissen. Waren das meine Hände? Und ob. Die fühlten, sprachen und träumten auf einmal ... Sie hätte ihr Gesicht einmal sehen sollen – aus zweiunddreißig Jahren wurden vierzehn. So etwas Kindliches und dämmerig Trotziges noch weiter berühren? Dieser Zauber, und sag ich wirklich nicht zuviel? Meine Hände bildeten, aber so war es doch: die Obhut ihrer Träume ...
Alles in allem ein Liebhaber, der von Grund auf alles gelernt hat, mit Rundumservice und ohne jeg-

liche Herrschaftsallüren. Ich verstehe meine Sache. Was heißt Sache? Okay, Sexualität ist Spaß und Spiel, bums. Wo führt es denn hin, wenn ich auch noch auf Erotik käme? Schweben schon, aber die ganzen Gipfel irgendwo da oben? Und das nicht nur mit Fingerspitzengefühl, sondern mit Haut und Haaren; Sehnsucht gestreckt und sensibilisiert, immer neuer Offenbarungen gewiß? Ein ständiger Höhentaumel? Zur Sache: kam mir nachher vor wie ein Flüchtling, hatte die Verfolger aber alle abgeschüttelt. Revierängste? Wurde schließlich vom Schlaf übermannt . . .

Verinnerlichte Rollenspiele? Ich brauche Kinder nur zu sehen, und schon sieht man mir den Vater an. Und bei Krankenhausbesuchen? Da hält man mich für den Chefarzt, der eigentlich gar nicht mehr nach Hause will und auf der Intensivstation Probeliegen macht, damit ihm keine Regung entgeht. Pralle ich aus Versehen vor meinem Spiegelbild zurück, denkt man, der lebt in einer anderen Welt und wird von ihr auf Schritt und Tritt verfolgt . . . Und mein trauriges Gesicht? Das soll die Leute doch nur dazu ermuntern, ein anderes zu machen; spiele ihnen immerhin den vor, der sich auch nicht umgehen läßt. Was wird auf diese Weise nicht alles verinnerlicht . . . Und lache ich wirklich mal, sagt man, ein Mensch, der so lachen kann, was für ein Mensch. Die Leute sollen von meinem Rollenspiel hin und her gerissen werden . . . Kann selbstverständlich auch alles sofort auf Null bringen und noch weitergehen; sozusagen weit unter Nennwert sacken und den Verlierer spielen. Erst ist ja der Verlierer dran, und dann der Sieger. Aber beides mit entsprechendem Tiefgang... Am besten kann ich, wenn ich mich mal fallenlasse und dabei an keine Rolle denke, dösen. Ist das etwa keine Rolle? Das ist meine Hauptrolle. Und das soll ja auch das einzig Ehrliche an mir sein... Sehe es wieder vor mir: ein Überfall. Zwei gegen mich. Ich hätte ja zuschlagen können. Versetzte mich aber im letzten Augenblick in deren Lage, wollte nicht das Opfer spielen, sondern das Miteinander. Und deshalb wußten die nicht weiter. Wie benommen wir waren. Hab ich nachher gedöst...

Diese Rolle soll mir mal jemand nachmachen. Rollenspiele fordern Konkurrenz heraus. Dösen ist für mich wie beten. Bin fernab von allem, aber nicht schläfrig, kann dabei das Gras wachsen hören. Während ich döse, bringe ich andere zum Träumen. Lasse sie auf ihre Weise teilhaben. Finde mich beim Dösen aber nicht so ohne weiteres mit meinen Verhältnissen ab. Dösen kann auch eine aktive Handlung sein. Sprang ich doch im Bus wie ein fast Totgesagter auf, der Wagen war ins Schlingern geraten, und ich griff ins Steuer...

Rollenspezifisch – das hätte ich fast vergessen –, das ist, wenn ich mir sage, es hat alles noch Zeit, und die Generalprobe für beendet erkläre, um dann eine Schlaftablette ohne Wasser einzunehmen und so lange daran zu kauen, bis mir schlecht wird und ich nicht einsehen will, daß man alles spielen kann, wenn man selbst der hinreißendste Zuschauer dabei ist...

Verweigerung

Weigern werde ich mich, aber nicht verweigern. Verweigerung, so mir nichts dir nichts ... dazu gehört doch auch noch die Körpersprache, oder? Ich werde einfach nein sagen, kurz und bündig. Ja, ein entschiedenes Nein ohne Kraftaufwand, ein Mittelton aus der Brust genügt. Meine Selbsterfahrung mit Nein? Eine gute Frage; hab' lieber den Kopf geschüttelt, wollte dadurch auch noch nachdenklich wirken, bloß nichts auf Knall und Fall. Werde meinen Kopf künftig entschiedener schütteln, jedoch keinesfalls zu weit nach rechts oder links, zweimal ist aber schon zuviel, und dann wortlos, versteht sich ...

Verhaltensmuster für solche Ablehnungsformen? Aufhören! Was mach ich denn da: winke ab, hebe die rechte Hand mit gespreizter Fingerfront ... Das ist eine, sagen wir mal, eine wegwerfende Handbewegung nach kurzem Aufbäumen ... Mit oder ohne Ton? Das liegt ja auch an der individuellen Kompetenz ... Ich beiß die Zähne zusammen. Ein Rückzug vielleicht auf »egal«? Werde einfach sagen: Das ist mir doch egal, »einerlei« wirkt zu breiig, und dabei selbstverständlich die Achseln zucken, aber mit leicht fragenden Augen. Dann ist die Entscheidung bei dem anderen, und die Angelegenheit gewinnt

gewissermaßen noch einen menschlichen Bezug. Folgedessen wird es am Ende unter Umständen noch ein kompromißfähiges Nein.
Aber mein Ansprechpartner ist ja tot. Da läuft man auf dem Friedhof herum, und die Trauerfeier ist längst im Gange. Was jetzt in mir vorgeht, damit kann ich doch nicht an sein Grab treten, hier zwischen Himmel und Erde ... Ist mir doch egal, was nach meinem Tode mit mir passiert. Jawohl, das hab' ich bei »jawohl« gelernt damals, und nichts wie weg dann mit einem, ich meine, mit der Leiche ... Nun liegt er im Familiengrab. Sind ja wohl auch Bindungsprobleme. Hier wollte er rein, das war sein letzter Wille.
Aber da stapelt man die Särge schon aufeinander. Doch Eiche hält länger ... Bin mehr für Urnenbestattung auf See. Mit welcher Kopfbedeckung? Pudelmützen stehen zur Verfügung. Und die Fahrzeit? Mindestens zwei Stunden von der Küste entfernt, ganz nach Vorschrift; vorher rührt sich nichts an Bord ... Wenn schon ins Wasser mit einem, dann vom Hubschrauber aus. Das ist teurer, geht aber schneller. Und der Trauermelodie vom Tonband muß man angestrengt lauschen. Dann kappt der Pilot die Leine, an der die Urne baumelt, und sie schießt in die Tiefe. Ich möchte aber lieber plumpsen, noch einmal ein menschliches Geräusch hinterlassen. Nehme das Schiff ...
Aber nein, was soll das alles, er ruht doch schon hier. Muß ich mich denn immer wieder an seiner Seite sehen? Nein und noch mal nein. Die Trauerge-

meinde im Gänsemarsch. Und dann nichts wie auf zur Gruppenbildung. Diese Blickkontakte. Problembewußt im Angesicht des Toten: wie sieht das Testament aus, müssen wir zusammenhalten? Hoffentlich passiert uns auf der Heimfahrt nichts... Flüstern, Murmeln, Nuscheln, Zischen. Wie bitte? Die Stimmen verpuffen...
Sich auf Friedhöfen verweigern, nicht in die Kuhle starren, allem den Rücken zukehren...? Keine Verweigerung hier, und auch kein Nein, wie auch immer; wenn schon: Hängeköpfe sachte schütteln und Lippenbewegungen vorspielen, ermattet...
Ein Ja zum Leben? Keine weiteren Fragen, cool bleiben, schweigen. Was steckt in den Mundwinkeln? Bitte keine Existenzanalyse, ein bescheidenes Achselzucken ist angemessen... Endlich habe ich meine ganzen Neins gegen ihn und wen sonst noch hinausgeschleudert – nein: ausprobiert. Und selbstverständlich stumm, wie es sich hier gehört. Oder ist dieses oder jenes Wort doch gefallen? Wozu sind Friedhöfe denn schließlich da? Man vergißt sich nicht und weiß da wenigstens immer noch, was sich gehört. Trotzdem ein Übungsgelände zum Abreagieren von...? Mein Gott, ich weigere mich, das laut zu sagen, ein für allemal.
Nicht leben und nicht sterben wollen? »Jein« würde ich sagen. Auch das noch... Werde mich auf die Bank da setzen, neben dem verankerten Abfallkorb. Rauscht da nichts? I wo. Muß ich denn ausgerechnet jetzt an die Abflußrohre unter den Gräbern denken? Aber das Grundwasser erst... Sehe das plötz-

lich ökologisch. Ich ein Öko-Freak? Keine Realitätsferne, mein Freund, und erst recht nichts von wegen defizitärem Selbstwertgefühl. Ich werde hier alles mitsamt meiner Persönlichkeitsstruktur noch voll durchschlagen lassen. Aber diese Wortangst plötzlich ... Bin ja bald wieder hier. Nein? Ja. Jawohl!

Milderungsgründe

Mich anpöbeln lassen? Ich stand ihm im Wege. Das war's. Hab doch gleich gesagt, nun sei er es ja los, was auch immer. Ich wäre sozusagen der Auslöser gewesen, na und? Wie oft hätte ich mir schon selber im Weg gestanden, da reichte Pöbeln gar nicht. Und manchmal käme es eben so über einen. Aber dann bloß keine Entschuldigung; wann kommt schon mal plötzlich etwas über einen?

Führt mir da doch einer seine ganzen Feindbilder vor und wird dann auch noch persönlich: Ob ich denn immer so dümmlich-freundlich lächelte? Mich für dumm verkaufen lassen, wegen meiner Freundlichkeit? Was der für dumm hält, das ist für mich schlicht gesagt milde; folglich lächle ich milde-freundlich. Das entspannt schließlich auch, und bei mir fängt das im Gesicht an... Ich auf dem Minustrip? Bleibe durchgehend psychoaktiv. Und die Abwehrmechanismen? Automatisch spult sich da überhaupt nichts ab; meine Lust am Widerstand braucht keine Basis. Außerdem ist sie nur was für Kenner.

Und dann auch noch dieser Buchstabiertyp: Wann ich endlich mal mein wahres Gesicht zeige? Ich weiß ja nicht, wie das aussieht, aber da ist nichts zu durchbrettern! Und warum es so eine zerknautschte

Kissenform hat? Wo soll ich denn mit meinem ganzen Mienenspiel wohl sonst noch hin? Einem bleibt ja vor Schreck oft das Wort im Halse stecken, erst recht bei dem da: der poussiert seine Worte so lange, als wollte er sie zum Schluß auch noch küssen ...
Mich in Beziehungsgeflechte verheddern? Das sind schon längst keine Beziehungsgeflechte mehr, sondern ganze Beziehungskisten ... Ich säße auch noch darauf? Bin für jede Beziehung sensibilisiert genug, und da wird auch nichts reserviert oder unterschlagen. Bin immer offen für neue Beziehungen, warte einfach, daß es mal wieder so über einen kommt, doch dann wird daran nicht lange geflochten, höchstens so einiges geschürt ...
Und meine Verletzbarkeit? Die lasse ich aber doch auch die anderen spüren. Wer ist schließlich nicht verletzbar? Auch für Verletzbarkeit muß man ja im gewissen Sinne lernfähig sein, sonst kommt man einem noch mit Empfindlichkeit, wie der Heavytyp da im Flughafenrestaurant. Verstand der doch unter verletzbar was Körperliches und wurde so empfindlich, daß er streckenweise zusammenzuckte ... Gehe in meiner Umwelt allerdings öfter eigene Wege, bin nicht ständig bei Abgasen, Fäulnisprozessen und Müll; stelle mich sogar schützend vor Geräusche, ob die nun von Nagetieren oder Einbrechern stammen. Mich hält niemand für einen Fallensteller, und mir soll man auch nicht weismachen, daß einer in seinem ganzen Leben nichts anderes tun wollte, als immer nur einzubrechen. Ich hätte doch wohl auch schon mal lange Finger gemacht ... Falls

es jedoch um bleibende Werte ging, habe ich mir sofort selbst auf die Finger geklopft...
Ertappe mich ja meist schon im Vorfeld zwielichtiger Handlungen, ohne mein schlechtes Gewissen dadurch abmildern zu wollen. Hab' ich aber wirklich mal ein schlechtes Gewissen, ist bestimmt jemand da, der ein noch schlechteres hat, und es kommt unter Umständen zu einem heimlichen Treff, und, ich sag das mal so, wir versuchen zu teilen... Vielleicht noch einen Diplom-Psychologen als Ansprechpartner für meine Konflikte? Bei dem Problemsucher müßten vor allem ja auch Vater und Mutter herhalten, aber die haben ihren Frieden redlich verdient.
Selbstverständlich halte ich auch mildernde Worte für meine Komplexe bereit, manchmal überkommt es einen doch so, und man muß sich ja auch mal mögen. Und ich finde auch, daß der Begriff »menschlich« langsam zur Floskel verkommt. Deshalb rede ich einfach vom Nächsten. So steht's ja auch in der Bibel, und daraus wird in letzter Zeit oft nach Belieben zitiert. Ich suche erst mal Nähe. Und dabei wird einem schon ein bißchen warm ums Herz...
Und ob, nichts bedarf so vieler Milde wie der Widerspruchsgeist. Weil man nämlich nichts mehr so genau weiß, ist man gleich dagegen, und weiß man es genau, kommt es plötzlich noch genauer; aber das ist ja noch lange nicht alles... Hauptsache, daß es weiter so flutscht. Und der neue Musterknabe da in der Chefetage verlangt doch tatsächlich, daß die

ganze Welt wieder auf uns blickt. – Sollten wir zur Abwechslung nicht mal mittelmäßig sein? Aber da fiel mir ein, daß wir es schon ziemlich lange sind . . . Leicht mittelmäßig geht es ja auch, oder?
Und gut sei mir lieber als tüchtig? So gut es eben geht, milderte ich ab. Stecke ich denn wirklich voller Milderungsgründe? Von wegen. Noch bin ich nicht der Typ, dem man auf die rechte Backe schlägt, und der dann die andere hinhält; sieht man mir doch gleich an, daß ich gegen nichts so sehr bin, wie gegen solchen blamablen Schall.

Der letzte Akt

Ja, so müßte das sein: hätte ich ein Haus mit Garten, wäre auch eine Frau dabei. Soll sie Gertrud heißen. Der Name hört sich nach Reinlichkeit und Kuchenbacken an. Und dann höre ich sie: »Da sind Sie ja endlich, Herr Doktor. Wo er ist? Er schläft.« Und der Arzt müßte sagen: »Aber um diese Zeit schlief er doch noch nie.« Ich kann vom Bett aus sehen, wie Gertrud auf einen Eimer Farbe zeigt. Und der Arzt fragt: »Hat er gestrichen? Vielleicht war das zuviel.« Und Gertrud antwortet: »Er wollte gerade damit anfangen und sagte: ›Ich kannte mal einen Stier, der einen Eimer Farbe ausgetrunken hatte und daran eingegangen ist‹ . . .«
Was er denn eigentlich streichen wollte, müßte der Arzt nun fragen. Und das wäre Gertrudes Antwort: »Die Gartenbank. Er streicht nicht gern; aber streicht er mal, hat er immer den Geschmack von Farbe auf der Zunge und hört mittendrin auf. Das war heute früh genauso. Er hörte auf und zog sich aus und rieb sich von Kopf bis Fuß mit Alkohol ein, und ich mußte zusehen. Ich wollte lieber nichts sehen und fand auch keine Worte dafür. Und was er sagte? ›Das ist nicht nur erfrischend, das geht tiefer.‹ Und ging ins Bett. Ich werde heute nacht im Wohnzimmer schlafen. Das ganze Schlafzimmer riecht

nach Alkohol. Und falls er morgen früh noch schläft, rufe ich Sie an.«
Wie lange schlief ich denn? Ich schlief und schlief und sah und hörte nichts von Gertrud und hatte auch keinen Durst mehr. Am nächsten Morgen müßte es dann so sein: »Wo ist er denn?« fragt der Arzt, und Gertrud sagt: »Er schläft immer noch. Zweimal sah ich in der Nacht nach ihm. Er liegt ununterbrochen auf dem Rücken.« Der Arzt tritt hinter Gertrud ins Schlafzimmer. »Nun meldet er sich«, sagt Gertrud, »sehen Sie mal, Herr Doktor, wie er die Beine bewegt.«
In diesem Augenblick mache ich die Augen auf, drücke sie mir aber selber wieder zu und sage: »Er liegt da wie tot.« Gertrud guckt den Arzt an, und der sagt, daß er das nicht gesagt hat. Gertrud sagt aber, daß er es gesagt hat. Und der Arzt fragt, ob ich auch Stimmen nachmachen kann.
»Was versucht er nicht alles«, antwortet Gertrud. »Manchmal soll ich ihn nachmachen. Und wenn er mich nachmacht, geht er immer zu weit. Aber wie tot hat er noch nie dagelegen. Und eins soll ich mir merken: wenn er vor mir stirbt und ich dabei bin, muß ich ihm sagen, daß es zu Ende geht. Er will sich dann selber noch rechtzeitig die Augen zudrükken, seine Augen, die viel zuviel zu sehen gekriegt hätten und auch für alles mögliche viel zu offen waren. Er nimmt sich das immer wieder übel, und deshalb müßte es seine Sache sein, endgültig damit Schluß zu machen.«
Was der Arzt daraufhin sagen sollte: »Welche Au-

genfarbe hat Ihr Mann eigentlich?« Gertrud wird raten, und ich rufe mit ihrer Stimme: »Sieh mal einer an, es ist so weit, er drückt sich die Augen selber zu.«

Besichtigungen

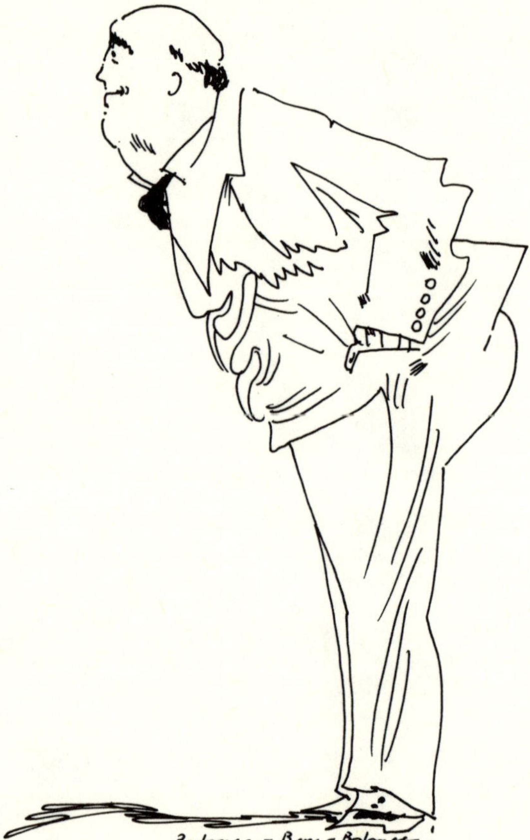

... und jetzt einfach stop

Ich bleibe plötzlich stehen. Nicht mitten im Gedränge. Aber einige Leute müssen trotzdem ausweichen. Ich blicke mich auch nicht um oder erwarte, daß man mich anstarrt. Ich bin stehengeblieben und warte ab. Manche bleiben wie angewurzelt stehen; wie man das auch immer bezeichnen mag, warum man mit einemmal stehenbleibt, ich kriege kein Bein mehr vor das andere ... ja, so könnte man sagen.
Dieser prüfende Blick an mir herunter. Will ich damit verhindern, daß Blicke mich treffen und meine irgend etwas erwidern müssen ...? So betrachtet man eine Ausrüstung. Sie ist ganz dem Wetter angepaßt. Mein Regenmantel ist zerknittert; ein Riesenhandtuch. Und da ist ein Fleck. Aus allen möglichen Sachen entferne ich Flecke. Flecke wie zur Erinnerung zurücklassen? Muß ich mir auch noch selber sagen, daß man nicht unbedingt sagen kann, daß das unappetitlich ist?
Da ist aber noch ein Fleck. Genau gegenüber von dem anderen. Die Flecke sehen aus wie zwei Knöpfe. Sie sitzen auch an den passenden Stellen. Übereinstimmung der Flecken als Knopfersatz? Und die Hosenränder? Sie liegen fest auf den Schuhen. Hosenränder, die darüber baumeln und Luft heranwe-

deln oder sich scheuern und von den Strümpfen nur Streifen freilassen, so ein dürftiges Farbgeplänkel – nein. Hosen müssen sich über die Schuhe legen, fast zum Drauftreten, und beteiligt sein. Meine Kinnspitze drückt auf den Shawl. Ich fahre mit der Hand über mein Kinn. Das sollte aber nicht nachdenklich aussehen. Bloß keine Gesten, die beschreiben könnten, daß ich mir nicht völlig klar darüber bin, warum ich plötzlich stehenblieb ...

Sollte ich mich vielleicht noch fragen, wie es denn wäre, wenn ich mitten in der Nacht hier stehengeblieben wäre? Hätte ich meine Angst so ausführlich gemustert wie meinen Mantel und die Hose? Bei diesem Gedanken ballten sich meine Hände wie erwartet zur Faust. Würde ich jetzt weitergehen, könnte ich über den Rand einer Steinplatte stolpern. Und angenommen, ich stürzte? Irgend jemand hätte bestimmt beobachtet, daß ich hier plötzlich wie angewurzelt stehengeblieben war und wie versteinert aussah und dann plötzlich nach vorn kippte, und da lag er. Man hätte einen Unfallwagen alarmiert, denn wer sich so verhält, den soll man nicht anfassen.

Angenommen, ich würde plötzlich versuchen wegzulaufen: einer der da nahezu unbeweglich stehengeblieben war, rennt los. Gäbe das eine Aufregung. Sicher verschwendet man schon genug Aufmerksamkeit auf mich. Aber das wollte ich ja gar nicht. Ich dachte, daß man ruhig mal stehenbleiben kann, ganz einfach. Und abwarten.

Ich kenne die Straße vom Durchgehen. Nun könnte

ich sie mir gründlich ansehen, als eine Art Turm mit einem Drehkopf. Aber dazu ist es zu spät. Warum fragte mich denn niemand, wie spät es ist, um mich aus meiner Reserve, wie er sich sagen würde, herauszulocken? Aber danach fragen meistens nur Kinder. Und die könnten es allmählich mit der Angst kriegen, wenn ich mich nicht schleunigst bewegte. Doch wohin? Ob man mir folgen wird? Könnte ich nicht plötzlich wieder stehenbleiben? Aber das ist doch kein Spiel. Das würde mich vor mir selbst erst recht verdächtig machen, obgleich andere doch auch manchmal in Straßen stehenbleiben und sich erinnern, wie sie als Kinder dort gespielt hatten oder wie ein stechender Schmerz sie festhielt oder ein Gedanke.

Die Angst, daß man plötzlich stehenbleibt und nicht weiter kann . . . Aber ich kann doch, wenn ich nur will. Ich mache eine Ausnahme. Ich erlaube mir, einfach stehenzubleiben. Wenn das jedoch eine Ausnahme ist? Man darf nur eine bestimmte Zeit stehen bleiben. Ja, aber wie lange? Warum ist denn noch kein Bildhauer auf den Gedanken gekommen, ein Kind, eine Frau oder einen Mann in Stein zu meißeln, wie sie gerade im Begriff waren stehenzubleiben. Aber dieses Stück Arbeit müßte er ja an ein Amt verkaufen, und das müßte es aufstellen, auf irgendeiner Straße. Zum Gedenken an all jene, die plötzlich einfach stehenblieben, selbst in der Straße, in der sie immer lebten oder sogar geboren wurden. Lieber nichts verewigen. Die Straßen sind ja schon Denkmäler. Ich schritt in Gedanken um mich herum. Mit herausgestreckter Brust hätte ich nicht stehenbleiben dürfen. Ein wenig gebeugt ja, vor allem die Schultern. Man kann den Kopf hoch tragen, auch ohne die Schultern durchzudrücken. Ich versuche das und mache einen Schritt. Dann noch einen. Es ist soweit. Ich blicke geradeaus. Tue ich das wirklich? Aber das sagt man so. Folgt mir jemand? Sollen sie kommen – ich bin doch nur einmal stehengeblieben.

Straßenflecke

Die Straße hat jetzt einen Überzug aus Asphalt. An einer Stelle waren vorher Pflastersteine herausgebrochen worden. Die Erde darunter hatte seit über siebzig Jahren keine Luft mehr gehabt. Ich bin blaß geworden, übergeben konnte ich mich aber nicht. Und mitten auf der Straße war zuletzt ein Fleck gewesen; eher eine Lache – oder nur ein großer Fleck? Die Feuerwehr hatte Späne darauf geschüttet. Ein Mann war da überfahren worden. Nur noch halb bei Bewußtsein, hatte er das Pflaster vielleicht gar nicht mehr als so hart empfunden.
Wie viele wurden auf dieser Straße schon überfahren? Einer von ihnen müßte manchmal über die Straße humpeln. Er würde sich bestimmt sagen, daß es schlimm genug war, aber noch schlimmer hätte kommen können. Ich bildete mir ein, daß der Mann, der nur noch halb bei Bewußtsein war, ganz in der Nähe der später aufgebrochenen Pflastersteine gestorben ist. Und hätte er die Aufgrabung gesehen und vielleicht hineingeguckt, wäre ihm nicht aufgefallen, daß die Stelle mit den herausgebrochenen Pflastersteinen rechteckig war und wie die Ausschüttung eines flachen Grabes aussah.
Von der Straße gehen acht weitere Straßen nach links ab. Sie sind alle noch gepflastert. Und wie viele

Leute wurden dort überfahren? Ich sagte mir: die Hälfte, also vier, innerhalb von, sagen wir, siebzig Jahren. In den Nebenstraßen stehen keine Bäume, nur hier, auf der Hauptstraße. Da hatte es auch mehr Tote gegeben. Aber was haben die Bäume damit zu tun?

Nach Flecken auf Straßen fragen, Flecken, die Menschen hinterlassen haben, nachdem sie überfahren wurden? Flecke kann man wegwischen oder ganz entfernen. Ich stehe mitten auf der Straße. Und wonach frage ich noch? Autotüren werden zugeschlagen. Die Knallerei setzt sich fort. Ich springe zur Seite. Ist es nicht gleichgültig, wo man stirbt? Und wie viele Straßen wurden dabei vielleicht schon im halben Bewußtsein für ein Bett oder eine Liege gehalten?

Ich stelle mich an den Straßenrand und blicke auf die Straße. Zuerst ziehe ich Blicke auf mich, und dann auf die Straßenmitte, und von da aus auf andere Stellen, und wieder in die Mitte. Was soll ich denn, wenn ich an die Flecke denke, sonst noch tun? Mir bleibt nichts anderes übrig. Unter diesen Umständen blickt man dann auch noch nach oben. Der Himmel ist gerade leer und unbeweglich.

Ich nehme die Straßen, wie sie sind, unterscheide nicht mehr zwischen geteerten und gepflasterten, vergleiche das Türenknallen der Autos nicht mit Schüssen, sehe die Straßen wie eingebettet zwischen den Häusern und bleibe nicht mehr mitten auf der Straße stehen. Auch in Straßen ohne Bäume ist im Herbst manchmal Laub, es wird da hineingeweht und festgetreten, und ich gehe von der Vorstellung aus, daß irgendwie alle Flecken einmal verdeckt werden, die man wegwischen wollte oder entfernt zu haben glaubte. Schnee fällt ja auch und deckt allerhand zu, besonders nachts. Und die Bäume an den Straßen? Für mich sind sie zum Anlehnen.

Mein Staub darf bleiben

Da ist alter Staub. Er bleibt so lange liegen, bis ich über ihn nachdenken muß, und dann trennen wir uns, damit sich die Erinnerung einschalten kann. Auf der polierten Tischplatte, die für nichts groß genug ist, wirkt er wie eine Tischdecke. Manchmal dient er mir auch als Terminkalender. Und wenn die Übersicht verlorengeht, mache ich mit der Handkante aus den eingedrückten Buchstaben und Zahlen Häufchen, verteile sie, und aus den Häufchen werden ganze Straßenzüge; ich bleibe dabei immer stehen.
Und auf einem Wörterbuch mit spiegelglattem Umschlag zeichne ich dann manchmal große Buchstaben und setze kleine daneben. Das sieht dann so aus, als ob Papa oder Mama ihr Kind an der Hand halten und sich wundern. Parade stehende Buchrücken aus Leder, für die es ein Regal aus Eiche gibt, erhalten zuweilen einen dicken Querstrich in den Staub, was ungefähr heißen soll: trotzdem geht ja alles weiter . . . Ich wasche mir nachher auch nicht die Hände, sondern tue nur so. Dadurch wird der Staub zur Seife; er bleibt und lebt intensiver.
Und die wahllos zusammengekauften Figuren aus Bronze, Eisen oder Blei auf dem mickrigen Brotschrank, der nicht mal hundert Jahre alt ist? Sie

brauchen den alten Staub, wollen aus voller Brust angepustet werden: die geigende Dame mit hochgezogenem Zopf aus dem Jahre 1902, die Tänzerin mit Bubikopf von 1927 und der bucklige Cellist mit Zylinder um 1900. Und unter dieser Staubwolke kommen auch die anderen drei wieder zu sich; sie hatten einst auf marmornen Aschenbechern Posten bezogen, die ersten Zigaretten verglühen sehen und die Nasen an granatförmige Brasilzigarren gehalten. Ich schraubte sie ab, und durch mich bekamen sie endlich richtigen Boden unter die Füße. Ich stelle alle in Reih und Glied und lasse sie los. Mir ist jede Musik dazu recht, wenn sie nur ins Blut geht.
Und der alte Staub auf dem Schränkchen? Ich nehme einen Stuhl und koste den Staub wie eine Sauce und lasse ihn entweder liegen, falls er noch nicht sämig genug ist, oder merke ihn mir für den Staubwedel vor. Er bindet meinen alten Staub an seine Federn, da haben es die Staubkörner leicht: sie hängen mehr daran als zu kleben und werden überleben, denn ich schüttle den Staubwedel bei offenem Fenster aus; und was davon zurück will, muß an mir vorbei, und wir sind wieder beisammen.
Und was an altem Staub unter dem Bett und dem Sofa liegt, zu dem sage ich entweder: bleibt ruhig da und wirbelt heimlich noch ein bißchen mit, oder: raus hier, der nächste Schub bleibt dann bis Weihnachten. Und so hebt und senkt sich schließlich der Staubwedel über dem Tisch, der für nichts groß genug ist, dem Wörterbuch, den ledernen Buchrükken bis fast unter die Decke und tief nach unten, als

würde er von einer fremden Hand geführt. Und der letzte Augenblick am Fenster? Ich mache es nicht gleich wieder zu... Der Staubwedel steht auch nicht bei den Besen und Eimern; er gehört an einen Nagel neben einem Bild.

Und der neue Staub... Staubtücher für diesen Staub? Ein stummer Griff in den Korb mit den durchlöcherten Socken und den Stoffresten, und unter die Wasserleitung damit, und das immer morgens vorm Duschen. Und mit halb geschlossenen Augen wische ich darauflos, zuerst kommen die Fensterbänke dran. Ich wische auch in der Luft herum. Der neue Staub war ja auch schon mit mir zusammen, wenn auch flüchtig. Noch so ein Griff, und der Staubsauger heult auf und fährt ab. Ich brauche gar nicht mehr genau hinzusehen und habe schon alle Geräusche im Ohr, die mir so ähnlich wieder drohen, wenn ich draußen bin.

Bevor ich gehe, schnippe ich ein Staubkorn von meinem Anzug. Ich bürste nichts aus, schüttle lieber aus, wedele darüber, und an den Hosen und dem Mantel kommen wieder Staubkörner mit nach Hause und dürfen erstmal bleiben.

Das Loch in der Wand

Ich hatte ein Bild darübergehängt, damit es endlich verschwand, dieses Loch, zuerst so groß wie die Spitze meines kleinen Fingers. Ich bohrte aber weiter, und dabei gab es am Ende einen schwächlichen Ton. Die Maler hatten das Loch übermalt, doch es verklebte nicht ganz, und ich ging immer wieder mit den Fingern hinein, wie zum Gruß. Je nach Witterung nahm es auch verschiedene Farben an. Daumengroß war es inzwischen geworden, und tippte ich dagegen, wartete ich auf eine Antwort; es rieselte im Hintergrund.
Ich kreiste das Loch mit dem Kugelschreiber ein. Als ich jedoch in der Nähe einen Nagel einschlug, tat das Loch so, als wäre es gemeint, und ließ Mörtel raus. Ich knüllte den Fetzen einer Papierserviette zusammen, feuchtete ihn an, drückte ihn mit dem Daumen hinein und beobachtete, wie er trocknete. Das Papier quoll über den Rand, und drinnen gab es wieder einen schwächlichen Ton. Ich hielt mein Ohr dagegen, irgend etwas erstickte da. Ich zog den Fetzen Papier zaghaft heraus, meine Fingerspitzen arbeiteten wie Pinzetten, und ich hauchte in das Loch hinein. Doch es blieb stumm.
Nachts ließ ich die Schreibtischlampe brennen und konnte es so einrichten, daß sich ein fast handbreiter

Schatten über das Loch schob. Dann war es zugedeckt. Wenn Lastwagen vorbeifuhren, blickte ich auf mein Wandmal. Es war für mich nicht mehr irgendein Wandloch. Wandmal, diese kranke Bezeichnung war am treffendsten, denn durch die Erschütterung begann es in dem Loch oft zu knistern, ich sah schon Flammen herauszüngeln, und Putz fiel vom Rand. Eine Untertasse fing ihn auf. Der Tintenkreis wirkte zu luftig, ich nahm einen breiten Farbstift von aufdringlichem Gelb, das bedeutete Vorsicht. Ich weiß nicht, wie oft meine Blicke Stichproben machten, die Finger ließ ich weg. Und über jede Veränderung wollte ich erstaunt sein. Die anderen Wände waren tapeziert; kein Loch weit und breit. Suchte ich denn immer noch ein Loch in der Nachbarschaft? Wollte ich dem Zauberwerk da ein schlichteres entgegensetzen, eine Art Reserve anlegen, alles gleich wieder doppelt haben, falls meines, weil irgendein geheimnisvoller Druck hinten nachließ, seine Spannkraft verlor und mich wie ein Schlund mit schlaffen Rändern anstierte, ausgehaucht und tumb?
Ich wollte etwa dreißig Zentimeter darüber einen Nagel einschlagen und Trockenblumen verkehrt herum daran hängen, lang genug, um über dem gelben Kreis Feierlichkeit zu verbreiten. In diesem Augenblick rauschte es in dem Loch, Mörtel staute sich am Rand, und ich rief von weitem hinein: Ruhe. Dann drückte ich aber mein Ohr dagegen. Waren es wispernde Stimmen, die immer höher hinaus wollten und zu ersticken schienen, Stimmen, denen

niemals jemand gelauscht hatte? Was war in diesen Wänden wohl schon alles passiert und auch durch diese Wand gedrungen? Man mußte nur einmal darauf kommen. Oder war in der Wand darüber auch ein Loch? Aber da war der Bodenraum mit seinen Verschlägen.

Ich drückte ein Stück Brot zusammen, formte es in meiner Hand, die allmählich feucht wurde, zu einem Ball und zielte. Plups, es saß drin. Geistesgegenwärtig preßte ich die Hand drauf, und das Loch war verputzt. Kaum hatte ich mich umgedreht, gab es eine Erschütterung durch einen Lastwagen, und der Kloß im Loch platzte heraus wie ein Sektpropfen. Ich schlug dann genau zehn Zentimeter über dem Loch einen Nagel ein und hängte das Bild daran. Das Loch sollte nicht verstopft sein, und ich wollte ihm auch nicht ganz die Luft nehmen. Eine Prise Putz rieselte herunter, das war der Abschied. Und wenn ich das Bild einmal wegnehme, weil mir das Loch so fehlt, dann geht's los, das ist wie eine Begrüßung, und es rauscht und rieselt, und wenn der Lärm verebbt, hänge ich das Bild wieder darüber und vertröste mich auf übermorgen.

Die Schalter und das Licht

Wenn ich nachts die Wohnungstür öffne, geht meine Hand automatisch nach rechts und weiß Bescheid. Kein Fingerdruck auf den Schalter, die Innenfläche der Hand wischt nur darüber, und das Licht brennt. Einmal war die Birne kaputt, und meine Hand blieb wie zum Anwärmen auf dem Schalter liegen, als ob dadurch doch noch Leben in die Birne käme. Und falls mir im Wohnzimmer jemand auflauert und mich mit einer Taschenlampe blendet, stehe ich ja mit der Schulter neben dem Lichtschalter, lehne unauffällig dagegen, und das Licht flammt auf. Das ist aber ein Dimmerschalter, und ich kann auch mit einem Schulterdruck das Licht heller und dunkler werden lassen; das wäre dann wie im Kino, und die Spannung bleibt.
Oft spiele ich an dem Dimmerschalter. Wir machen Dämmerlicht oder Sonnenlicht, alles stufenweise; die Vorhänge sind dann zu, und ich gehe wie ein Beleuchter während der Probe aufgeregt hin und her und trete dann mit einer flackernden Kerze ab. Aber so ein Theater mache ich nur, wenn ich mal wieder ausziehen will.
Im Schlafzimmer schalte ich nur die Nachttischlampe ein. Das geschieht durch einen sanften Daumendruck. Die Deckenlampe ist längst abmontiert, und

wenn ich aus Versehen auf den Schalter drücke, gucke ich immer wieder nach oben. Über vierzig Jahre lang hing dort eine Krone, und ich frage mich, wie die Leute alle ausgesehen haben mögen, wenn sie in das Licht geblickt hätten. Und was sie wohl dabei gerade anhatten. Ich lege mich aufs Bett und starre an die Decke. Ihr Weiß bricht wie ein Himmel über mich herein, und ich habe Gesellschaft.

Meine Finger finden den Knipser der Nachttischlampe ganz von selbst, und wenn sie ihn verpassen, drohe ich mit dem Finger, und liege ich da nicht allein, gibt es öfter Mißverständnisse, aber ich erkläre nichts, soll die Dame doch raten. Und die Stehlampe in dem halben Zimmer? Ein Fußdruck, und die gelbe Birne glüht. Werde ich mit ihr jetzt wieder Lichtsignale geben? Doch wer blickt schon an Häusern hoch und wartet darauf, daß irgendwo Licht angeht, während er gerade unten steht, ja, gerade er? Mit Lichtzeichen Alarm schlagen, bis er vielleicht klingelt. Und dann?

An meiner Schreibtischlampe hängt eine Kordel. Ich habe mir angewöhnt, zweimal daran zu ziehen: an, aus, und noch mal dasselbe. Das ist wie Augenzwinkern: na, klappt's? Und danach erscheint mir die Kordel immer wie das Pendel einer Uhr, und wenn es stillsteht, wirkt es drohend; es könnte ein abgerissenes Seil sein, und ich tippe sachte dagegen und warte auf Gedanken, die sich daran aufhängen möchten. Die Schreibtischlampe hat einen grünlichen Glasschirm, und die Kordel ist schwarz und hat vier Knoten.

Über dem Waschbecken im Badezimmer gleißt eine Neonröhre. Sie macht das Gesicht blaß, und die hellblauen Kacheln wirken immer feucht. Das Wasser muß auch möglichst durchsichtig bleiben, und ist Seifenschaum drin, dann nichts wie ablaufen lassen. Mein Badezimmer ein Labor? Ich sollte die Neonröhre durch eine Glühbirne ersetzen, leicht schummrig vielleicht der Farbton. Und ich würde in der Wanne planschen und in den Seifenschaum Gucklöcher pusten ... Sollte ich nicht lieber einen Spion in die Tür einbauen lassen? Falls abgeschlossen ist, erscheint man als Toter, allein durch das Neonlicht schon kalt, und man ist ja auch völlig nackt.
Vor dem Schlafengehen mache ich in der Toilette Licht. Der Schalter muß so alt sein wie das Haus. Er ist zum Umdrehen, und ich putze ihn regelmäßig. Das Fenster geht zum Hof hinaus, und ich lasse das Licht die ganze Nacht über brennen; der Hof soll merken, daß fast alle einsamen Lichter nach hinten herausgehen. Oder soll ich alle Lichtschalter durch quadratische mit einem leuchtenden Punkt ersetzen? In Büros sind solche Schalter, und man sieht sich die Leute an, wenn sie plötzlich Licht machen, und denkt, warum ausgerechnet heute der oder die. Und sie warten, bis das Licht brennt.
Im Abstellraum ist noch ein Schalter. Ich drehe und warte, bis der Punkt erreicht ist, wo es klappt. Er muß auch fast so alt sein wie das Haus. Ich hab' es eben im Gefühl und lasse das Licht noch eine Weile brennen. Das hat es verdient.

Im Bettuch am Schrank

Ich werde ihn abstoßen für hundert Mark. Nicht verkaufen und noch lange reden, sondern auspakken und sagen: er ist zweihundert wert, aber sie kriegen ihn für die Hälfte; ein Blick muß genügen. Ist das ein Frack? Geerbt hab ich ihn nicht, auch nicht machen lassen. Er war in ein Bettuch gehüllt, und der Auktionator gab ihn mir mit und rundete dafür den Preis eines anderen Postens auf.

Erstmal das Bettuch abziehen. Es fällt von selbst. Ich ziehe die Hose tiefer. Wenn sie nicht weiterrutscht, sieht das aus, als stünden schon Beine darin. Aber wie weit darf die Nonchalance eines so konservativ geschnittenen Kleidungsstückes gehen? Ich stelle mir eine steife Hemdbrust darin vor. So ein Frack beschwingt das Selbstbewußtsein bis an die unterste Grenze der steifen Hemdbrust. Ich muß noch ironischer werden oder mir einbilden, ich sei ein Oberkellner aus erstem Hause, der zufällig neben der Tür zum Hochzeitssaal steht. Ob er sagen würde: Der Feind des Fracks ist alles Irreguläre, Unsachliche, mit dem Schrei nach persönlicher Note, nach Freiheit und offener Hemdbrust. In seinem Inneren verspürt man ein fanatisches Bedürfnis nach Gleichmäßigkeit des Temperaments. Man vermeidet jegliche Exzesse.

Mit diesem Oberkellner würde ich sofort etwas trinken, aber das müßte dann seine Antwort sein: »Das sieht nach Verbrüderung aus; ich kenne genug Herren, die im Frack öfter so aufgelegt sind, und gerade von solchen Herren halte ich nichts . . .« Ob ich den Frack mal ausbürste? Ich könnte ihn auch zum Auslüften auf den Balkon hängen, aber dadurch wird alles nur noch persönlicher, und ich muß ihn wieder zurückholen und an den Kleiderschrank hängen, und das Bettuch kommt in die Waschmaschine und nachher wieder drüber, und ich hänge ihn in den Schrank zurück.
Aber ich will ihn doch abstoßen. Das Wort sagt alles: weg damit, vorbei, ein Tritt. Was hatte er denn von mir? Überall angefaßt habe ich ihn und mich dabei wenigstens ein bißchen aufgerichtet. Ich lasse ihn erstmal hängen. Aber wie lange kann man einen Frack so am Schrank hängen lassen? Er ruft einen zur Ordnung. Brust an Brust stehen wir uns gegenüber. Und ich bilde mir ein, daß meine Beine in der Hose zu kerzengeraden Beinen werden und der krumme Rücken gerade und glatt ist. Ob ich ihn mal streichle? Nein, ich werde ihm zuflüstern: Zum Frack keine langen Unterhosen mehr wie damals. O nein, da gehört eine flotte, präzise, ganz in sich geschlossene Kombination hinein, keck sich spannend über muskulösen Schultern . . .
Ich werde ihn alleinlassen, mich erst einmal waschen und anziehen, und dann sehen wir uns wieder. Daß es so schnell ging. Bin ich zurückgeprallt? Lag das vielleicht am Schleiflack des Schranks,

weiß und dazu schwarz, fast feierlich-festlich, und darüber ein Hauch von Rasierwasser? Aber etwas fehlte. Der Zylinder. Oder wie wär's mit einer Generalsmütze? Zum Frack der goldumrandete Mützenschirm? Auch ein vergoldeter Säbel könnte unter den Frackschößen hervorlugen. Ja, ein bißchen Heldentum fehlte. Und eine Ordensschnalle. Die Brust müßte sich wölben. Ich fasse an die Revers, schüttele ihn. Aber er kann sich ja nicht wehren. Er sollte mich zum Duell herausfordern, sich aufpumpen.

Wird im Radio nicht gerade ein Walzer gespielt? Ich drücke alles nach vorne, spüre die Kragenecken, ja, so muß der Kopf sitzen, ich gehe ein paar Schritte, schreite. Auf der Brust klimpert was. Der Halsorden . . .

Selbstmord im Frack? Ein Schuß ins Herz? Die Hemdbrust färbt sich rot. Nein, ich schwanke nicht, ich wanke. Der Länge nach vornüber fallen. Nicht ein Häuflein Elend spielen.

Ich ziehe das Bettuch wieder darüber. Bettuch und Bett? Mit dem Frack ins Bett und strampeln, alles von sich reißen und rauswerfen? Das hat kein Frack verdient. Schluß mit dem Zauber. Das ist das Stichwort. Zauber. Zauberer. Nächstes Mal ziehe ich ihn an. Brauche keinen Zauberstab. Strecke den Zeigefinger aus, fordere alle Fräcke der Welt zur Parade heraus, und in das Ordensgeklimper fallen Schüsse. Für Eindringlinge jeglicher Art habe ich schließlich meine Schreckschußpistole.

Meine Knöpfe, deine Knöpfe

Mein Jackenknopf ist ab. Der Steg hängt noch da. Ich hab' den Knopf. Ich stand darauf. Ich ziehe an dem Steg und halte den Knopf davor. Er hat ein Mondgesicht... Bei den Ersatzknöpfen müßten auch noch ein paar Hosenknöpfe aus Horn sein. Ist meine Hose auch zu? Jetzt gibt es nur noch Reißverschlüsse, ratsch, ratsch, und die ganze Geschichte ist offen oder abgewürgt. Meine Hose ist zu.
Ein Hosenknopf zur Erinnerung. Aber welche Frau hätte es gewagt, einfach einen Knopf abzureißen? Und abschneiden? Das wäre viel zu umständlich gewesen. Sie müßte erst eine Schere suchen. Wenn ich wenigstens einen Knopf annähen könnte. Eine Frau würde jetzt nach Nadel und Faden greifen, und beim Hochziehen des Fadens würde der Knopf wackeln, und an dem Faden würde für die Frau so manche Erinnerung entlanglaufen von Heimlichkeit, Gemütlichkeit und Zweisamkeit, bis der Knopf wieder dran ist, fertig.
Zu Hause hätte sie bestimmt eine ganze Schublade voller Knöpfe, und sie würde jeden Knopf sofort aufheben und stundenlang in einem Laden nach einem passenden Ersatzknopf suchen. Würde sie sich, wie ich, einbilden, auf Knöpfen Gesichter wiederzuerkennen, Gesichter von Männern, die einmal an

ihren Knöpfen gedreht hatten, ziehen durften sie ja nicht...
Irgendwo hab' ich doch auch Knöpfe aufbewahrt. In einer Zigarettenschachtel liegen sie, ganz unten im Schrank. Ich setze mich auf den Boden und schütte die Schachtel aus, trenne die kleinen von den größeren, mache mit den gleich großen Quadrate und mit den anderen Winkel. Mantel-, Jakken- und Hosenknöpfe, Bettwäsche- und Polsterknöpfe... Soll ich sie vielleicht auf einen breiten Klebestreifen pressen, so unordentlich, wie sie mir in die Hände fielen, ganz wild?
Falls ich einen brauchte, müßte ich ihn da abziehen und bekäme klebrige Finger. Warum nicht? Ich kann ja keine Knöpfe annähen, und mit dem klebrigen Finger würde ich einer Frau auf einen ihrer Knöpfe tippen und da kleben bleiben, oder es wäre ein Zeichen dafür, daß sie nun Nadel und Faden holen muß. Und ich denke mir inzwischen aus, was dabei passieren könnte, und versuche, auch ihre Wünsche zu erraten, und sage, sie soll beim ersten Stich etwas warten, damit ihr Knopf länger wakkeln kann.
Ein Blusenknopf ist übriggeblieben. Soll ich ihn in die Mitte des Klebestreifens über den Lederknopf drücken, der so geschwollen aussieht? Und das Klebeband mit der Knopfreihe werde ich dann in Armhöhe über meinem Bett befestigen und drücke im Halbschlaf auf irgendeinen der Knöpfe und rede mir ein, entweder loszufahren, zu stoppen, aufzusteigen, zu schweben und per Knopfdruck auch das

noch zu fühlen, was im Halbschlaf am behaglichsten ist.
Ich muß gehen. In der Küchenschublade liegt eine Reklamepackung mit Nadel und Faden. Ich versuche, den Knopf anzunähen. Er wackelt und wakkelt. Schließlich sitzt er fest. Aber warum will ich immer daran ziehen? Ich sehe ihn an, und er sieht mich an. Dableiben will er, mehr nicht.
Und ich gehe zu einem Änderungsschneider und lasse ihn vorschriftsmäßig annähen, mit einem neuen Steg. Mir scheint, daß er den Kopf wieder hängen läßt, aber als die Jacke zugeknöpft ist, sitzt er fest und gibt Ruhe. Los, sage ich und fasse ihn noch mal an, nur zur Sicherheit, und kontrolliere auch den Reißverschluß. Zu Hause werde ich alle Knöpfe in einen Würfelbecher werfen und schütteln und einen ausgedienten Klingelknopf dazulegen. Ein Druck auf den Klingelknopf, und sie machen alle endlich mal Lärm, und niemand wagt, sie anzufassen.

Meine Taschentücher – und nur die

Ich liege im Bett und suche mein Taschentuch. Nach einem Taschentuch greift man. Ich greife aber ins Bettuch und mache Licht. Halb auseinandergefaltet liegt das Taschentuch auf dem Kissenrand, wie zur Bewachung. Ich muß ganz still gelegen haben. Wenn ich es nicht auseinandergefaltet hätte, würde es den Eindruck machen, als wäre es eine Beigabe für den Sarg; so ein Zipfel letzter Reinheit. Es sieht immer noch ganz frisch aus, obwohl es schon zu tun hatte. Mit Fingerspitzen ein Taschentuch anfassen wie einen Lappen oder etwas, das man gleich fallen lassen will? Ich halte es fest. Und wie mein Taschentuch kühlt. Ich möchte nicht daran denken, wie viele Taschentücher ich schon unter die Wasserleitung gehalten hatte, um sie auf die Stirn oder sonstwohin zu legen. Ich habe sie aber nur ausgedrückt und nie ausgewrungen, denn nach dem Auswringen sind sie schlaff und lappig.

Frische Taschentücher zerknüllen? Die haben dann immer noch Leben in sich. Aber wenn die Hände feucht werden, geben sie eher nach. Und bei Tränen? Man kann kein Taschentuch vollweinen, da bleiben doch auch trockene Stellen übrig. Aber man kann mit einem Taschentuch auch tupfen, Schweißtropfen nicht nur von der Stirn abtupfen, hie und da einfach mal tupfen, vielleicht mit abgestrecktem kleinem Finger, so wie Damen früher Kaffeetassen aus Porzellan anfaßten. Und ich fahre mir statt dessen mit meinem Taschentuch übers Gesicht. Das soll mir nicht noch mal passieren, übers Gesicht damit zu fahren, dann noch über die Hände und den Nacken. Wozu die Eile, denn darüberfahren ist wie darüber hinwegfahren, und wer kümmert sich um das, was nachbleibt? Irgend etwas abbinden, ja. Und draufpressen. Das Taschentuch als Retter. Ich knülle mein Taschentuch zusammen. Es soll merken, daß wir nicht ohne einander auskommen. Im Bett werde ich ihm immer den Platz am Rande des Kopfkissens reservieren, und wenn es heruntergerutscht ist und dabei vielleicht sogar bis zum Fußende kommt, dann kann ich mir ja ungefähr denken, was das für eine Nacht gewesen ist.

Meistens habe ich es in der Hosentasche. Falls es sich da beutelt, klopfe ich unauffällig dagegen, damit es platter wird. Auf diese Weise soll es mir auch verschwiegener vorkommen, gerade dort. Und wie leicht man es dann beim Hineinstecken vorbeisteckt... Die meisten Taschentücher bleiben in Sesseln zurück, verhaken sich in Ritzen, werden vergessen und haben es so lange bequem wie noch nie, bis sie mit Fingerspitzen herausgezogen werden, sie schwanken unterwegs noch ein bißchen, ja, ihre Todesstunde hat vielleicht geschlagen, und wie unter einem Fallbeil landen sie im Abfalleimer.

Ich schüttle mein Taschentuch. Luft soll es haben. Es scheint sich selbst auszuschütteln, aber wovor?

Ich schüttle weiter, und das sieht doch beinahe so aus, als wollte ich damit winken. Hat jemand schon mal im Bett gelegen und mit seinem Taschentuch gewinkt? Ich winke doch nur allen Betten nach, in denen ich einmal gelegen habe. Will mein Taschentuch nicht mehr? Ich bin doch immer mit einem Taschentuch ins Bett gegangen, und war ich allein, griff ich danach, und es fühlte sich an wie frisch gewaschene Haut. Im Schrank liegen sie aufeinander. Turmhoch neben der anderen Wäsche.
Soll man seine Taschentücher zählen? Das wäre wie ein Appell. Ich lasse sie in Ruhe. Ob ich mir in Zukunft nur noch die teuersten kaufen werde? Es geht doch nicht um den Preis. Ich werde in einen Kasten greifen, sie anfühlen und einstecken und nicht erst warten, bis die Kassiererin den Fünfzigmarkschein gewechselt hat. Dann kann sie nachher was erzählen.
Ich stehe auf, nehme mein Taschentuch vom Bett und stecke es in die Ziertasche des Pyjamas. Es soll sich wie ein Kavalierstaschentuch vorkommen, und wir sehen uns in Hotelhallen und vor Champagnerflaschen. Ich tupfe aber nichts damit ab, fahre erst recht nicht irgendwo drüber, sondern ziehe es sanft heraus und halte es mir vor den Mund. Wir feiern in aller Stille.

Beifall für meine Hände

Ich klatschte in die Hände. Heiße Luft aus einem Automaten sollte sie trocknen. Dann rieb ich sie. Aber wie würde ich sie bei Schadenfreude reiben? Nicht eine Fläche gegen die andere, als ob ich Krümel wegwischen wollte, und dann noch einmal klatschen und Schluß, nein, eine Hand würde sich winden und von der anderen geschnappt werden. Ätsch... Der heiße Luftstrom versiegte, ein gequetschter Ton fiel ab.
Ich putzte meine Fingernägel. Wieviel Schmutz auf Nagelreinigern schon sitzengeblieben war. Das summiert sich, und meine Fingernägel schienen mich anzusehen wie eine Tabelle; was war nicht alles an ihnen haften geblieben. Man hat doch nicht nur Schmutz an den Händen, sieht denn niemals jemand genau nach, wo es wirklich gewesen ist, in den Falten hinter den Nägeln und erst recht auf den Gelenkkuppen, wenn man die Hände schließt; sitzengelassen oder fast eingekerbt. Bemalte Kacheln im Vorraum des WC und Neonlicht über dem Waschbecken. Eine Art Leichenhalle für hinter sich Gelassenes.
Ich klatschte wieder in die Hände. Jetzt klang es wie Beifall. Wobei habe ich eigentlich Beifall geklatscht? Zu Beifallsstürmen ließ ich mich doch nie hinrei-

ßen. Und auf Hochzeiten habe ich nicht geklatscht, bei Taufen ging es sowieso nicht, und bei Anlässen, die einen vor Freude zu Tränen rühren können, hätte ich klatschen sollen... Oder sich selbst beklatschen? Ich klatschte Beifall. Er sollte meinen Händen gelten, ihnen, die sich immer für andere anstrengten. Ich klatschte auch mit den Fingerspitzen, das mußte vollständig sein.

Danach legte ich eine Handfläche auf die andere. Doch um so damit zu beten, mußte ich wohl in die Knie gehen. Ich faltete sie. Hände und beten? Dazu braucht man die Hände. Das hatte man mir beigebracht, und weil es manchmal richtig innig aussieht, nicht nur auf der Bettdecke... Und mein Fingerspitzengefühl? Wie meine Finger plötzlich spielten. Sie spielten mit sich selbst. Hatte ich ihnen das gesagt? Was schreibt man da wieder den Fingern zu? Und wenn es unter den Nägeln brennt? Welche Übertreibungen, wozu die Fingerspitzen immer herhalten müssen.

Ich streiche mit den Fingerspitzen der rechten Hand über meinen linken Handrücken. Zärtlich ist das. Ich habe den richtigen Anschlag dabei wie beim Klavierspielen. Ich bekomme eine Gänsehaut. Auf den richtigen Anschlag kommt es auch bei Zärtlichkeiten an, da gibt es Oktaven, aber man kann das Pensum genausogut herunterleiern. Ich möchte mir eine Ohrfeige geben, doch der Schall ist immer so blamabel. Ich habe noch keinem eine Ohrfeige gegeben, nicht nur wegen des Schalls; mit einer ausgestreckten flachen Hand kann man eher töten als mit

der Faust. Und was meine Hände umgestoßen haben? Und was unter der Hand geschehen ist? Und was sie sagten, wenn sie andern begegneten?
Meine Hände als Greifer? Zugreifen muß man, zupacken und zuhalten. Und was mußten sie festhalten? Und nach Festhalten kommt Festklammern, Anklammern ja auch. Anklammern und Umklammern; mir wurde heiß und kalt, so sagt man ja, und meine Hände wurden deshalb auch feucht, und ich sah mich an Brückengeländern hängen und strampeln und einen Menschen umklammern, der mich vor dem Ertrinken bewahren wollte, und ich riß ihn tiefer nach unten, und nachher war die Wasserfläche wieder spiegelglatt, und da wollte ich mit den Händen drüberstreichen, hätte meinen Kopf streicheln mögen, sah ihn aber auch untergehen.
Zuhalten? Die Hände zuhalten... So sah das also aus. Was ich darunter verbergen könnte? Einen Schatz, den ich gefunden hatte und den man mir klauen wollte, mit sieben? Einen Schatz, den niemand sehen sollte? Und wie sah er aus? Er war aus Luft. Und zupacken? Das ist wie zugreifen. Man kann einen Krampf davontragen. Und wie war das? Was meine Hände alles gesehen haben? Was an ihnen kleben geblieben ist? Pst. Was unsichtbar für einen selbst plötzlich auf Fotos und Zeichnungen von ihnen erscheint... Prämiierte Hände. Die Kunst und die Hand. Und meine Handlinien? Ich klatschte Beifall. Sie versprechen Gradlinigkeit und ein ziemlich langes Leben...
Ich sehe weg. Reibe meine Hände an der Hose.

Geht nichts ganz weg? Habe ich nicht, was weiß ich nicht alles, gerade nur abgewischt? Ziehe jetzt meine Handschuhe an, ziehe aber nicht fest genug daran. Die Spitzen hängen herunter, baumeln und glänzen. Halb eingepackte, kraftlos wirkende Hände; kalte Hände. Ich klatsche wieder in die Hände. Gedämpfter Schall. Mit Handschuhen irgendwo draufklopfen oder knallen? Nein, wenn schon, dann mit bloßen Händen. Was heißt hier bloß? Das ist nicht nackt, das macht nicht neugierig und keiner wird argwöhnisch, das friert auch nicht so leicht ... Eine Haut wie aus Leder. Meine Haut? Die Hände eincremen. Wenn nur die Hände duften und sonst nichts bei Gefahren oder Leichtfertigkeiten oder Intimitäten? Schläge austeilen mit Duft an den Fingern? Was die Polizei dazu sagen würde? Ich ziehe den linken Handschuh aus. Das wirkt vornehm. Das Hotel ist auch ziemlich teuer.
Ich ziehe den anderen Handschuh auch aus. Man erwartet mich. Aber meine Hände kribbeln. Sie müssen ins Bett, auf der Bettdecke liegen, und wenn ich eingeschlafen bin, herunterrutschen.

Großer Auftritt für die Zehen

Meine Zehenspitzen sehen mich durch die Strümpfe an. Ich sitze aber nicht auf der Bettkante und will die Strümpfe auch nicht zwischen Daumen und Zeigefinger ausziehen. Nein, ich sitze in einem Sessel und zupfe die Strümpfe herunter und lege meine Beine dann auf den anderen Sessel. Zwei Füße und zwei Sessel. Recken sich die Zehenspitzen etwa? Das wäre auch höchste Zeit.
Ich lockere meine Knie. Wie sich die Zehenspitzen bewegen; knuppeligen Daumen gleich, die eine knappe Bemerkung machen möchten – was denn sonst? Und die daneben, die kleinen und fuzzeligen, die verkrümmten und kümmerlichen. Los, ihr kommt auch zu Wort... So wurden sie noch nie präsentiert. Diese Umgebung sichert ihnen endlich eine gewisse Würde. Wie oft habe ich in dem Sessel gesessen und auf meine Schuhspitzen geblickt. Aber die Zehen darunter; warum sah ich niemals tiefer? Nun ist es soweit. Sah das eben nicht wie eine heimliche Begrüßung aus? Sie, die da unten immer im Dunkeln gedrückt, geschoben und gestoßen wurden und öfter ganz in Schweiß gebadet waren? Warum hatte ich beim Herumrennen wenigstens nicht einmal daran gedacht, wie schwer auch sie sich tun? Was heißt denn da unten? Auf seine Zehen herab-

blicken, nur weil sie da unten sind? Daß die Füße einen tragen ... Jetzt hören sie es deutlicher denn je; der rechte kleine Zeh will sich abspreizen, so zugespitzt hat das noch keiner gesagt und dabei auch an ihn gedacht.

Immer kamen mir meine Zehen zu klein vor, ihr da unten, und so zimperlich. Und Hornhaut mußte ich von euch wegrubbeln wie von den Fußsohlen. Ihr habt nicht klein beigegeben. Ihr wolltet dazugehören. Mit meinem Zeigefinger gehe ich jetzt zwischen die Zehen, beuge mich weit vor, könnte die Füße ja hochziehen. Von wegen, massiere jeden einzeln, deshalb muß ich auch dazwischengehen. Aber ihr schlafft ja nicht ab, wollt es mir zeigen und reckt euch wieder.

Mein Schuhwerk, ich meine eure Schuhe, das ist ja auch ein richtiges Werk da unten mit Drehen und Strecken, mit Verästelungen, Nahtstellen und Spannungsfeldern ... Was geht nicht alles in die Zehenspitzen? Und was würde eine Frau sagen, die in dem Sessel sitzt, auf dem meine Füße liegen, falls ich sie mit meinen Zehenspitzen drücken, kitzeln oder streicheln würde? Nein, nicht kitzeln, so oberflächlich sind sie nicht.

Strampelschritte, Tanzschritte, Marschschritte, schleichende Schritte und Schritte, die sich entfernen ... Meine Füße haben alle denkbaren Schritte mitgemacht, aber ich suchte für meine Zehen nicht immer die Schuhe aus, die nachgaben wie Handschuhe. Das waren sie auch nicht gewohnt. Und wer hat denn seine Zehen jemals verwöhnt? Gewohnt oder verwöhnt, was wollen sie denn? Mitmachen, mehr nicht. Und den Ton angeben. Jawohl. Was tut denn am meisten weh da unten? Sie. Frieren sie? Ich habe nichts zum Zudecken da. Sie halten dann ja auch nicht still. Oder stirbt mein rechter großer Zeh ab? Bekommt er vielleicht mal einen Zettel, wie Leichen ihn kriegen? Dann trägt er meinen Namen... Ich bewege ihn kräftig. Er scheint zu winken. Wir haben uns also wieder vertragen... Ich stelle mich auf den Teppich, und meine beiden großen Zehen suchen sich ein Ornament aus, sind anschmiegsam. Schmücken sich, ohne gefragt zu sein.

Aber die Strümpfe hängen noch an der Sessellehne. Das sieht wie hingeworfene Unterwäsche aus. Ich stecke sie erstmal in die Tasche. Und ich hebe meine Füße wie ein Tänzer. Auf diesem Teppich sollen sie ihren Auftritt haben, eine Bühne besonders aber für die Zehenspitzen. Und ich souffliere: Schüttelt euch, macht euch selbständig, macht euch gerade. Denkt doch nicht an Schuhzeug, Strände, Quallen, Splitter. Das ist eine Luxusshow. Zeigt mir mal, wer ihr seid... Ja, ich bleibe stehen. Auf den Sessel kommt ihr wieder, wenn es euch zuviel wird dort unten.

Es ist schon spät. Auf der Straße geht jemand. Diese unzähligen Füße überall, auch jetzt noch und immer. Macht euch nur grade... Wir setzen uns wieder in den Sessel... Was soll denn das? Die beiden großen Zehen richten sich mit einem Schlage auf. Wie ein Mann.

Blick auf den Bauch

Noch ein Bauch. Jetzt hatte ich schon zwei neben mir. Der eine war kugelig und prallte gegen die Weste. Sie schlug Falten, denn nach oben hin fehlte der glatte Übergang. Der Mann sollte einen Gürtel tragen, dadurch würde die Hose öfter ein paar Zentimeter rutschen und ein Hemdstreifen hervorlugen, der die ganze Angelegenheit lustiger machte. Zu Witzen mußte es deshalb noch lange nicht kommen.

Der andere Bauch hatte einen engen Pullover in aufsässigem Rot darüber und legte sich nie ganz auf die Bügelfalten. Er war hügelförmig, und die abfallenden Seiten wellten sich. Einmal schienen beide Bäuche mitzulachen. Das war noch das wenigste, sonst demonstrierten sie einen gewissen Ernst, wie man ihn nach Feierlichkeiten gewohnt ist... Aus Gesichtern schließen, wie die Bäuche sind? Auch Tränensäcke können täuschen.

Und mein Bauch? Ich ging nach Hause. Unterwegs zog ich ihn ein. Nachher konnten wir es uns ja mal gemütlich machen – ausruhen sollte er sich, aber nicht gleich abschlaffen, sich wohlgefällig behaupten. Mich deswegen extra ausziehen, oder das Hemd aufknöpfen und ein Guckloch machen? Das

Hemd hochziehen, den Gürtel lockern, meinen Kopf vorschieben und in die Schräglage gehen? Ich wollte ihn nicht angestrengt mustern, meine Blicke vielmehr auf ihm liegen lassen, kuschelig wie auf einer Wange.
Ich machte nichts auf, denn mein Oberhemd glänzte verkrumpelt unter der Lampe und glich einem Überwurf; nichts sollte mir drohen, besonders nichts Nacktes. Ich kauerte in der Sofaecke. Und was war das? Ich hatte doch gar keinen Bauch, das war eine in die Breite verzogene Rundfläche, eine Art Pfannkuchen, der noch aufgeht. Ich spannte die Muskeln, selbst gegen Faustschläge gewappnet lauerte er auf einen Treffer. Doch er sollte mir lieber vorkommen wie ein Hort alles guten Weichen mit vielsagendem Tiefgang, nachgiebig, federnd, aber platzbewußt.
Noch nie hatte jemand auf meinem Bauch gesessen, kein Kopf hat darauf gelegen. Und wer kicherte seinetwegen? Keine Träne ist nachher auf ihn gekullert, nicht einmal mit Wimperntusche vermischt ... Wie er guckte. Der Nabel als Pupille. Aber nicht gerade offen für aufreizende Losungen. Und wohin richtete sich der Blick? Immer gegen Stoffe, die scheuerten. Und es blieb dunkel. Mit meinem vorgestreckten Bauch vielleicht jemand umrennen, wegstoßen oder Schläge versetzen, etwa noch rhythmische? Was könnte sich in meinem Bauch denn sonst noch zuspitzen bis zu Kraftakten, die ins Leere gehen ...
Zielscheibe ist er auch noch nicht gewesen, aber

was weiß ich, wozu er animiert haben konnte; niemand sprach es aus. Blubberte da nicht etwas? Wollte ich um jeden Preis von ihm noch was zugeraunt kriegen, uns beide in eine Märchenstimmung versetzen? Und wenn er sich noch deutlicher meldete, dann durch Stiche. Bauchstiche? Herzstiche? Bauch, Herz und eine Seele … Oder der Bauch als Stirn des Unterleibs? Wie hart er sich bei diesen Worten anfühlte.

Ich rutschte näher an die Lampe. Ob mein Bauch in der Sonne auch dampft? Die Hitze saugt jede Schweißperle ab, aber in die Blinddarmnarbe könnten sie sich retten. Ich puste, und er wird zum Tummelplatz für Pusteübungen, doch ich komme ja nicht an alle Seiten heran. Das werden wir häufiger machen; warum Atemstöße immer so frei heraus? Ich habe ihn auch nie vollgepumpt, selten war er aufgebläht und mußte mit vollen Backen auch nichts wieder loswerden. Wo ist er denn? Er zuckt. Habe ich ihm zu viele Gedanken zugesteckt? Muß er sich alles gleich einverleiben?

Ärgerlich klopfte ich mit meinen Fingern auf den Gürtel. Das hört sich an wie trippelnde Schritte. Wenn mich eine Frau hier so sehen würde. Frauen und Bäuche? Das liegt oft an einer Menge Süßigkeiten. Dabei bleibe ich und tue so, als liefe mir das Wasser im Mund zusammen. Und Bäuche durch Schwangerschaft? Die sind einzigartig, und ich mache mich kleiner …

Ich ziehe das Oberhemd glatt. Ich gerate in Abschiedsstimmung. Ich spüre sie sogar im Bauch. Ich hätte ihm nie zugetraut, daß er so weiblich reagiert. Mit der Spitze meines Zeigefingers schlüpfe ich durch den Hemdschlitz und stoße ihn an. Milde reagiert er auf meinen nüchternen Mitteilungsstil.

Er dahinten

Ich sitze darauf. Und wenn ich sage, daß ich mich hinsetzen will, ist er es, der Platz nimmt. Auf Holz sitzt er nie still. Das liegt an der Schulzeit. Er rutscht, macht Rutschspiele, ganz unauffällig, Zentimeter um Zentimeter. Und auf Bänken mit Rükkenlehnen schiebt er sich vor. Ist nie ganz drauf. Macht überhaupt nicht wumm: hier bin ich. Ihm geht es oft um winzige Zwischenräume. Wir können einen Riesensaal mit Hockern, Stühlen und Bänken füllen, auf denen er mal gesessen hat. Zu einer Saalschlacht werden wir es nicht kommen lassen, denn wo er sitzt, da sitzt er. Aber nicht in aller Ruhe. Er wartet ab.

Ich habe ihn immer für mehr gehalten, als er zugeben wird. Einmal sagte ich »Gesäß«. Das klang nach »Ätsch« und war zu rund und platt. »Po« – diese zwei Buchstaben kommen mir nicht über die Lippen. Das klingt nach eingepreßt und ahnungslos. Und »die vier Buchstaben«? Er hat ein paar Dutzend verdient. Jetzt fasse ich ihn mit beiden Händen an, und er kriegt einen Klaps. Er soll vielleicht »ein gewisser Körperteil« sein? Dafür hat er zuviel durchgemacht und kann mit vollem Recht auf Wahrheit bestehen. Für mich ist er auch nicht der »Allerwerteste«. Uns können alle mal, die mit dem Brustton der Überzeugung sprechen und goldene Uhren tragen. Wo könnte er nicht überall mitreden? Aber den guten Ton habe ich ihm eingetrichtert.

Und entblößt ist er für mich, wenn er nackt ist. Ich kriege ihn ja selten zu Gesicht. Zu weiß ist er nicht. Das ist eher so ein unterdrücktes Weiß, nicht gerade käsig, auch nicht krank; es ist seine Farbe. Und statt zuviel Sonne will er lieber eins hinten drauf. Und das ist dann der gleiche peinliche Ton, den auch eine Ohrfeige macht. Wenn sich dieser Ton wiederholt, ist es niemals zum Erbarmen, sondern ganz erbärmlich. Ich kann nicht nachzählen, wie oft wir hingefallen sind. Es gab eine Zeit, da krochen wir durch die Gegend, und geschossen wurde auch. Sollte ich ihn dabei so hindrehen, daß er getroffen würde? Aber man hat ja nicht mit Schrot geschossen. Das hätte er noch verkraftet. Und wie er immer abgefedert hat. Ein Sturz, und er tat sein Bestes. Nicht zack und basta. Nein. Das nie.

Mittelgroß ist er nicht, eher ein Zwischending von mittelgroß und nicht ganz zu klein. Schadenfreude kennt er nicht. Wenn andere vor ihm hinfallen, gibt er sich einen Ruck. Jeder fällt mal auf den Hintern, könnte das heißen. Aber »Hintern« ist ihm zu undeutlich, obgleich man das »H« weglassen kann und »intern« übrigbleibt. Das ist aber wieder zu hochgestochen und hört sich nach »hinter der Tür« an. Kosenamen hat er auch nicht verdient. Er will hart bleiben und durch dick und dünn mit mir gehen; nicht immer rumsitzen und ganz verkniffen warten, bis es weitergeht. Er behauptet seinen Platz, will es aber warm haben. Wenn's zu kalt ist, lege ich beide Hände auf ihn, betrommle ihn, und er marschiert. Wir haben unsere eigene Gymnastik. Lieber sitzen als liegen? Liegt er ausgedehnt im Bett oder sonstwo, ist er nicht mehr das, was er sein will. Dunkel ist es um ihn herum ja meistens, aber er ist doch immer irgendwie sprungbereit. Und das zur Beruhigung: wenn ich in einen Sarg komme, dann nur bäuchlings, er oben. So haben wir schon als Kind dagelegen, als die ganze Rutschpartie begann.

Zweite Schublade rechts

Nun flutscht sie wieder, die zweite Schreibtischschublade rechts. Aber wie lange? Ich ziehe sie raus und rein, nur um zu sehen, wie sie flutscht. Beim nächsten Mal könnte sie ja wieder klemmen. Ich schiebe sie behutsamer hin und her und unterscheide auch noch zwischen sachte und sanft. Und wie die Stellen beschaffen sind, wo die Schublade manchmal klemmt? Ich werde sie nicht herausnehmen und den Schaden reparieren. Falls sie dann immer flutscht, denke ich daran, was sonst noch immer flutschen muß, ohne glitschig zu sein; über zwanzig Jahre sind wir beide schon zusammen. Deshalb müssen unsere Gewohnheiten bleiben.

Warum mußte ich ausgerechnet sie immer benutzen? Hing meine Hand vom Sesselrand herunter, schien ihr nichts dringender zu sein, als da hinzulangen, aus reiner Übung und Bequemlichkeit. So füllte ich die Schublade mit Sachen, die vom Tisch mußten, und meine Hand hatte es genauso dringend wie beim Öffnen. Und war die Schublade endlich voll, wartete ich ab. Wenn es in den Fingern zog, wollten sie nicht einfach mehr dahinlangen, wie Federzangen pickten sie zu und wählten aus; es gab kein vorlautes Rascheln und keine verdutzten

Blicke. Der Papierkorb füllte sich, aber die anderen Schubladen blieben leer.
Schob ich die Schublade wieder zurück, wehe, es hätte geflutscht; nicht einen Laut durfte es geben, und ich verzog auch keine Miene. War ich einmal länger weg, schrumpfte in meiner Vorstellung fast alles auf Größen zusammen, die in meine Schublade paßten, und zu denen man nur eine Hand brauchte. Größere Sachen mußten in meiner Wohnung allmählich verschwinden; meine Vorliebe für Handliches wuchs, und ich wollte mir sogar eine kleinere Wohnung mieten; Zimmer, Etagen, Garagen und Säle reduzierten sich auf Schubladengrößen. Bei Katastrophen konnte nichts mehr wie ein Kartenhaus zusammenbrechen. Ich hatte alles in der Hand.
Kehrte ich zurück, zog ich die Schublade mit einem Ruck gleich wieder auf, beim ersten Mal klemmte sie nie, und meine Hand langte bis nach hinten. Würde ich sie dann plötzlich zurückziehen, hätte das ausgesehen, als ob ich einem Anschlag zuvorkommen müßte. Und klemmte sie beim zweiten Mal, war das wie eine verspätete Begrüßung nach dem Motto: Wir bleiben die alten. Und machte es nachher wieder flutsch, war auch die Kindheit dabei, und ich dachte an ein Schatzkästlein, und flutsch, war sie wieder weg, und die Sachen mußten vom Tisch.
Anschließend öffnete ich die leeren Schubladen; das ging ruck-zuck. Sie sollten mich nicht wie offene Mäuler anstarren, und ich machte es langsamer und hielt die Leere für eine gähnende Leere; so griffbe-

reit hat sie jedoch sonst keiner; auch sie war auf Schubladengröße geschrumpft. Geräusche, die mit Rascheln und Schieben nichts zu tun hatten, aber mit Türschlössern und Feilen, waren mit einem Mal ganz in der Nähe, und ich beschloß, die zweite Schublade rechts wie einen Safe zu behandeln. Einen Ehrenplatz hatte sie sowieso verdient. Meine Einbildung wurde immer stärker.

Sollte es wirklich einmal zu einer Katastrophe kommen, brauchte ich sie nur herauszuziehen und mit ihr wegzulaufen, und die Leute würden denken, ich brächte ihnen unterm Arm noch etwas mit, das sofort verteilt werden kann. Die Schublade klemmte wieder. Ich machte sie nicht zu. Ein »Safe« kriegt ja selten Luft. Die leeren Schubladen sollten sie aber haben. Als ich hineinsah, kamen sie mir nicht nur leer vor, sondern auch verloren.

Was nicht unbedingt in meine Taschen gehörte, warf ich dann hinein, würde von nun an regelmäßig Überflüssiges dort abladen, zutraulich und angewärmt, und in den Schubladen würde es beim Herausziehen gedämpft klappern, doch ich würde niemals neugierig werden, von Schatzkästlein konnte auch nicht die Rede sein, und mir zu den Geräuschen jedesmal wieder etwas Angemessenes einfallen lassen. Um meinen »Safe« herum würde es leben, ganz handlich und vergnügt. Und wenn ich an den Schreibtisch trat, würde sich in den Schubladen bereits allerhand regen, er stand nicht mehr fest genug auf den Beinen; der »Safe« hatte Übergewicht...

Anonym

Die Farbe meines Kugelschreibers ist metallic, und das nicht ohne Grund, denn sie versachlicht. Mein Kugelschreiber setzt sich fast automatisch in Bewegung. Oft frage ich mich, ob eine fremde Hand mitschreibt, aber er läßt mir keine Zeit, persönlich zu werden.
Ich mache einen Punkt. Er ist wie gestochen. Dann zücke ich ihn wieder, und siehe da, die Spitze sucht ein Ziel, scheint zu horchen; ein Spitzel lauert, und meine Phantasie reißt ihn mit sich; aber was bedeutet schon ein Mini-Tonband in dem Gehäuse? Auch eine Revolverkugel könnte darin stecken; schreiben, zielen, schießen.
Und eines Tages? Ich bin zukunftsorientiert: Raketen in Kugelschreibern, Vernichtungswaffen als Kugelschreiber getarnt... Ich schreibe wieder. Zur Abwechslung mache ich Zahlen, aber es bleibt bei Nullen. Eine ist wie die andere.
Soll ich mir einen Füllfederhalter kaufen, um meiner Schrift so deutlichen Ausdruck zu geben, daß sie unverwechselbar ist? Dazu noch mit meinen Fingerabdrücken vom Umklammern des Schafts?
Ich behalte den Kugelschreiber und schreibe weiter, fast automatisch und so anonym, daß ich meinen

Namen daruntersetze – zum Nachahmen. Ich erwerbe das Fabrikat stets im Dutzend. Nicht weil das billiger ist – es ist die einzige Ansammlung, in die ich wahllos hineingreifen kann.

Wozu man Liebe braucht

misslungener
Schöngeist
grüst Ben

»Die Mutterkiste«

»Meine Mutter ist noch nicht da«, sagte Isa. Ihre Mutter heißt Isabel, und ihre Tochter wurde auf den Vornamen Isa getauft, denn ein paar Silben sollte sie auch von dem Namen abkriegen. Warum sie nicht mehr Mami sagt? Dann denkt sie immer an Büstenhalter und breite Hüften und Ja und Amen. Mutter klingt für sie wie eine Stelle im Gesangbuch, und eine Mutter wird allmählich zu einem Ausstellungsstück, das man nicht missen will und dem man stets mit einem sauberen Taschentuch zuwinken möchte. »Und Mutter meint, ich sei ihre beste Freundin. Aber was geht mich eigentlich ihr Unterleib an, und weshalb rennt sie nackt in mein Zimmer, und warum hat sie ihren Po so dressiert, daß er in meine Slips paßt? Immer soll ich zu ihr sagen: ›Mein Gott, mit deiner Figur kannst du dich sogar noch nackt sehen lassen.‹ Und der Alex, dessen Augen ihm aus der Hose gucken, wenn er mich sieht, ist für sie ein Bild für Götter und für mich nur einer, der das Abitur mit einskommazwei gemacht hat, so ein Dauerpendler zwischen ›sieh mich an‹ und ›wenn du wüßtest‹... Mutter ist genau so. Schon mit sechzehn hat sie ihrem ersten Typ, der Zahnarzt werden wollte, klargemacht: ‹Ich brauche aber immer andere Männer.‹ Und der strampelte sich genau so ab wie mein Vater, ihr geschiedener Mann. Sie wollten die einzigen sein. Diese ewige Mutter- und Tochterkiste, das ist längst ausgebrütet. Darüber hab ich alles drauf.«

Sie sollte längst Kaffeewasser aufgesetzt haben, denn um halb vier wurde ich von ihrer Mutter erwartet, aber Isa besichtigte die Möbel, als fragte sie sich ununterbrochen, wo sie ihre Mutter, dieses Ausstellungsstück, hinsetzen könnte. Und dabei redete sie in verschiedene Richtungen: »Mutter ist in der Stadt und tut so, als müßte sie dringend Besorgungen machen; das macht sie zweimal die Woche und lädt dann meistens jemand ein, der auf sie warten muß, und sie ist dann ganz aus der Puste, wenn sie kommt, und jeder fragt sich: Was mag da passiert sein? Fast jedesmal hat sie jemand angesprochen, und mir erzählt sie dann, was alles hätte passieren können. Das sind ihre Besorgungen . . .«

Isa blieb mitten im Zimmer stehen: »Und manchmal liest sie mir Briefe von Männern vor; ein Papierwarengroßhändler ist der einzige, der sich kurz faßt. Ich glaube, in letzter Zeit schreibt sie auch Briefe an sich selbst und spielt Mann und Frau. Lesbisch könnte sie auch sein, behauptet sie, aber damit müsse sie allein fertig werden, denn wer kenne sie schon. Und in ihrer Ehe hatte sie einen, der auch verheiratet war, beide hatten eine Tochter, und so konnten sie nachher im Bett auch über ihre Kinder reden und die Sorgen, die man eben mit einer Familie hat, von A bis Z.«

Sie setzte dann doch das Kaffeewasser auf und sagte:

»Und heute nacht schlüpft sie wieder zu mir ins Bett, und dann bist du dran, ich bin mal neugierig, wie sie dich jetzt sieht ... Ich soll Mutters beste Freundin sein. Aber sie träumt zu laut, immer gibt es da Streit, und wie sie sich dann dreht und wendet, als ob, na ja ... Ich sag ihr dann öfter, was sie im Traum erzählt hat, dann wird sie noch rot und meint, du bist ja auch schon achtundzwanzig, und wir sind doch ein Herz und eine Seele. Wir haben noch immer dieselbe Putzfrau, die sieht auch alle drei Tage nach meinem Vater und wird von beiden ausgehorcht. Und Mutters neuer Freund hat einen Bandscheibenschaden, er ist auch geschieden, und Mutter spielt die Krankenschwester. Männer in seinem Alter sollen immer an irgend etwas leiden. Sie will es auch nicht anders. Voll ist sie aber sonnabends da, wenn die Friedensbewegung am S-Bahnhof eine Kette bildet, mit Handhalten und Blicken über die Dächer. Mein Vater ist doch Hauptmann der Reserve, und sein Vater war Oberst und für Blut und Boden. Und sie fährt mit meinem Rad zum Bahnhof. Und dann ihre Morgengymnastik. Wenn sie sich ganz tief bückt, sage ich: ›Mutter, das reicht‹.« Ich sagte: »Wenn ich mal anrufe, ist meistens besetzt.« Isa sah auf die Uhr. Es war viertel vor vier. »Ja, warum ist wohl immer besetzt? Man soll denken, alle rufen sie an ...«

Zierlich und glücklich

Was hatte Sabine Köhler letztesmal gesagt: »Als Kind schlug ich am liebsten Purzelbäume, zur Schule mußte ich mit dem Rad fahren – acht Kilometer hin und zurück; das Radfahren lasse ich mir auch heute noch nicht nehmen. Meinen ersten Mann lernte ich auf einer Urlaubsreise in England kennen. Im Krieg war er Sergeant gewesen und kannte meinen Geburtsort vom Durchfahren. Er hätte mein Vater sein können. Durch seine Eifersucht wirkte er aber jünger. Nach zwei Jahren ließ ich mich scheiden. Er besucht mich jedes Jahr einmal, aber die Eifersucht ist geblieben.«
Dann saß ich wieder vor ihrem Schreibtisch in dem Versicherungsbüro, und Sabine Köhler, sie wollte immer mit vollem Namen angeredet werden, sprach von einer Freundin, der sie im letzten Augenblick das Steuer aus der Hand gerissen hatte, weil sie angetrunken war. Daß doch noch ein Unglück passieren mußte, lag an einem Linksabbieger. Sabine Köhler zog meine Akte und redete weiter: »Wir haben zwei Spanienreisen zusammen gemacht und uns die Kosten geteilt. Aber sie wollte vorher keinen Spanischunterricht nehmen, und daß ich einen Spanier zu mir einlud und ihn auf eine Fremdsprachenschule schickte – so jung war er nun auch wieder nicht.«

Sabine Köhlers kurze Haare waren an beiden Seiten grau, und sie schüttelte den Kopf: »Was wäre mein Chef ohne mich? Ich bin sechsundfünfzig und will so bald wie möglich in Rente gehen. Aber er erhöht mein Gehalt. Und seine Frau und ich sind wie Geschwister.« Ich fragte sie, ob der Mann, mit dem ich sie vor der Fremdsprachenschule getroffen hätte, wieder ein Spanier sei. »Er ist Italiener und hat ein Lokal übernommen. Seine Familie kommt nach. Ich gucke auch manchmal in die Kochtöpfe. Italienisch-Kurse habe ich schon vor zwanzig Jahren genommen. Und wie das in Portugal war? Im Hotel bin ich als Engländerin durchgegangen. Mit Englisch fing alles an. Und wie es nächstes Jahr im Senegal werden soll?«

Sabine Köhler griff zum Kugelschreiber: »Sie kennen doch die Stippvisiten in Paris, die günstigen Wochenendangebote. Nach Englisch komme ich mit Französisch am weitesten. Was macht man nicht für Bekanntschaften in Paris! An einer bin ich aber hängengeblieben. Der Herr verlor im Krieg einen Arm, und durch seinen Kreislaufdruck ist er immer obenauf. Daß ich den Krieg als Kind erlebt habe, bindet. Wir reisen im Oktober nach Senegal, aber mit getrennter Kasse. Politisch rücke ich auf meinen Reisen mal nach links und mal nach rechts und gehe auch sonst meine Wege.«

Einer ihrer Kollegen hatte schon zweimal die Tür halb geöffnet. Sabine Köhler deutete meine Blicke: »Denken Sie meinetwegen, ich hätte etwas mit ihm. Und er käme jeden Donnerstag abend mal auf einen Sprung zu mir rüber. Seine Frau ist leidend. Ich nehme ihr ja nichts. Und er ist erst fünfundvierzig.«

Wo denn ihr zweiter Mann sei? Sabine Köhler sah zur Tür: »Ich blühte richtig auf, als Robert tot war. Wir waren gleichaltrig. Aber Robert war zu rückwärtsgewandt, immer nach Oberschlesien, nach Vater und Mutter und nach der schweren Kost. Ich dagegen bin dem Leben zugewandt. Obwohl Robert so stattlich war und beruflich stets in frischer Luft zu tun hatte, enttäuschte er mich auch rein körperlich. Und dann immer diese Eifersucht. Sie macht ihn älter... Ich habe auch den richtigen Blick für Trends, bin aber mehr ein sportlicher Typ und stehe für alles, was es auch sei, grade...

Mein Kollege sagt, daß ich trotz meiner Oberweite so zierlich geblieben sei, läge bestimmt am Radfahren. Das lasse ich mir ebensowenig nehmen, wie meine Reisen und die Fremdsprachenschule.« Ich sagte, der Trend sei doch heute der Anschein vom lässigen Leben...

Die Kunden haben zu mir ein gewisses Vertrauensverhältnis, und einer, Namen tun ja nichts zur Sache, meinte, daß man nur mit zierlichen Frauen glücklich sein könne, weil sie oft so hilflos wirken und noch große Augen machen können. Wenn der wüßte, wie gern ich noch Purzelbäume schlage! So, das Geschäftliche habe ich inzwischen erledigt. Unterschreiben Sie bitte dort.« Ihr Kollege öffnete gerade wieder die Tür, und sie tat so, als schicke sie mich raus.

Plauderton und deutliche Schrift

»Die Patientin, die eben rausging, ist sechsundachtzig«, sagte Dr. Gisela Bremer. »Sie geht einmal im Monat zum Friseur, war dreimal verheiratet, und jedesmal soll es eine Liebesheirat gewesen sein. Wenn sie bloß nicht soviel Geld verschenken würde.« Frau Dr. Bremer klebte ein Pflaster auf mein entzündetes Nagelbett. »Und meine jüngste Patientin ist neun. Ihr Freund wird zwölf. Ihre Lieblingsbeschäftigung ist duschen. Und die kleinen Mädchen zieren sich beim Ausziehen immer noch, falls sie es genau wissen wollen...

Zugegeben, Frauen sind in der Sprechstunde direkter als Männer. So direkt könnten sie einem Mann gegenüber nie sein. Ich bin zu Frauen auch direkter. Und die Sechsundachtzigjährige war schon im Altersheim, wollte aber nicht bleiben. Die Frauen steckten den Männern Blumen unter die Servietten und schrieben Liebesbriefe. Pornos will sie auch gefunden haben. Da wurde ich rot und nicht sie... Männer sind nicht so direkt wie Frauen. Aber einer erzählte mir mal einen Ärztewitz aus dem Krieg. Er war Krankenpfleger gewesen und meinte, daß man Ärztinnen auch das zutrauen könne, was man Ärzten zutraut. Man ist unter sich nur direkter, sagte ich, jedoch nicht schamlos, mein Herr.«

Dr. Bremer wollte noch meinen Blutdruck messen: »Vor fünf Jahren habe ich mich älter machen müssen, als ich war; ich ging mit Brille und Hut und Aktentasche. Jetzt fragt man mich auch nicht mehr, warum ich unverheiratet bin. Die Nachbarn grüßen alle zuerst, und Sie haben mich vorgestern zufällig dreimal gesehen und jedesmal gegrüßt. Nein, die Kollegen sind nicht neidisch, aber ihre Frauen. Den meisten bin ich zu ehrgeizig und zu unübersichtlich. Eine Kollegenfrau schickte mir handgeschriebene Backrezepte. Ihr Mann ist für Hefekuchen.
Beleidigt bin ich nur, wenn das Wartezimmer leer ist. Dann falle ich auf einen Stuhl und sehe all die Gesichter vor mir, die sich nicht wieder blicken ließen, und ordne die Zeitschriften. Wenn ich unsicher werde, sage ich dem Patienten, daß mein Vater Professor ist. Die Lüge hilft, und die Patienten fragen öfter, wie es ihm geht. Und ich rauche hier nur bei offenem Fenster. Wenn ich mal zuviel getrunken habe, mache ich auch keine Patienten nach, sondern nehme eine Magentablette und ziehe die Schuhe aus.«
Frau Dr. Bremer empfahl mir einen Zuckertest: »Ohne zu verallgemeinern, aber mit männlichen Patienten komme ich schneller zurecht. Männer hielten mich auch noch nie für lesbisch. Aber wenn Frauen wieder einmal irgend etwas darüber gelesen haben, fragen sie mich Punkt für Punkt aus. Wofür man nicht alles zuständig sein soll! Für Männer ist die Diagnose Krebs meistens gleich Tod, aber ich gebe ihnen Namen von berühmten Männern mit,

die trotz des Karzinoms noch lange lebten. Frauen finden sich eher damit ab; drei Patientinnen lebten mit dem Krebs länger als gewöhnlich. Und meine Sechsundachtzigjährige wurde letztes Jahr mit Erfolg operiert.«

Unter ihrem Kittel trug Dr. Gisela Bremer eine weiße Bluse und weiße Jeans. Sie sagte, ich müßte mich einmal gründlicher untersuchen lassen, aber das könne ruhig ein Kollege machen. Und sie füllte die Karteikarte aus. »Sehen Sie, wie klar und deutlich ich schreibe, auch daran soll der Patient erkennen, daß man jedes Wort ernst nehmen muß. Mir sieht man immer auf die Figur.

Patientengespräche im Plauderton? Mit Frauen über fünfzig rede ich manchmal wie beim Kaffeekränzchen. Jüngere Frauen wollen mich bewundern. Wenn ich das merke, rede ich von meiner Mutter, die mit sechsundzwanzig Witwe wurde und zwei Töchter und einen Sohn großzog. Sie starb mit vierundsiebzig . . .

Mir kann so leicht nichts zur Gewohnheit werden, und ich esse, was ich will, und werde nicht dick, und eine Grippe versuche ich aufs Wochenende zu verschieben. Und wenn ich mal blaß bin und gefragt werde, ob ich krank sei, flüstere ich manchmal den Patientinnen zu, daß ich Liebeskummer habe, oder mein Vater, der Professor, fühle sich nicht.«

Das Gesicht

Wir hatten uns lange nicht gesehen.
Sie sagte: »Kann man noch was sehen?«
Ich sagte: »Ich sehe nichts.«
Sie stellte sich unter eine Bogenlampe.
Ich sagte: »Was soll ich denn sehen?»
Sie sagte: »Man muß genauer hinsehen.«
Ich sah aber nichts, und sie sagte: »Vor eineinhalb Jahren kam ich vom Milchmann. In dem Milchgeschäft muß ich in etwas Weiches getreten sein. Auf der Straße dachte ich, mach' das ab. Ich scheuerte mit dem Schuh auf dem Pflaster, aber es ging nicht ab. Ich dachte, dann mach' das zu Hause ab. Da kam ein Auto, und ich ging schneller und rutschte aus und jemand rief meinen Namen. – Hast du vielleicht die Milch ins Gesicht gekriegt, überlegte ich, weil ich nichts sehen konnte, und es scheuerte überall und Glas klirrte. Ein Mann sagte: ›Lassen Sie Ihre Hände unten.‹ Ich wurde auf eine Trage gelegt, und in dem Unfallwagen hielt mir der Sanitäter beide Hände fest. Ich sagte: ›In meinem Gesicht ist die ganze Milch‹, und dabei fiel mir ein, du solltest jetzt das Kaffeewasser aufsetzen. Als ich aus dem Unfallwagen getragen wurde, legte eine Schwester eine Decke über meinen Kopf. Eine andere Schwester nahm die Decke im Fahrstuhl wieder ab. Dann sah

ich Brillengläser, und ein Herr in einem offenen weißen Kittel sagte zu einem anderen: ›Das ist etwas für Sie.‹ Kaum war ich aus der Narkose erwacht, sagte ich: ›Ist es die Milch?‹ Aber eine Schwester sagte: ›Jetzt nicht!‹ Ich dachte immer noch an die Milch und auch noch, nachdem der Verband abgenommen wurde, und ich sagte das dem Arzt. Zweimal wurden noch Gesichtskorrekturen gemacht, und ich bekam auch Schmerzensgeld.«

Sie hielt ihr Gesicht höher ins Licht und fragte: »Siehst du wirklich nichts? Ich meine Striche, so kreuz und quer, ganz dünne.«

Ich sah nochmal hin und sagte: »Was soll ich denn sehen? Ich sehe nichts!«

Sie sagte: »Ich frage ja nur. Und wie ist es mit dem Mund?«

»Den kenne ich doch. Da ist eine Falte. Sie ist so ähnlich wie ein Kringel. Aber wenn du lachst, ist er weg.«

»Die Creme deckt ab. Sie ist wie ein milchiger Film. Manchmal schneide ich Gesichter vorm Spiegel und male mir die Lippen knallrot an. Dann kriege ich Angst vor mir und werde gemein.«

»Du bist schlank geworden. Es sind höchstens noch 100 Pfund.«

»Zarter bin ich geworden, und zu Hause gehe ich oft auf Zehenspitzen. Weiß ist jetzt meine Farbe.«

Sie hatte auch einen weißen Mantel an. Ich hakte sie unter.

»Wohin wollen wir denn«, fragte sie.

»Einfach weitergehen!«

»Sag doch noch was.«
»Sag du es.«
Auf Zehenspitzen gingen wir die Treppen zu ihr hinauf.

Ärger mit Überschüssen

Ich hätte einfach sagen können, daß sie ganz hübsch ist, und an Hübschen sei ja auch immer was Rührendes, denn als sie sich hinsetzte, dachte ich, die Stille da hat am liebsten einen Platz, wo sie länger bleiben kann und sich ganz brav vorkommt. Das reichte aber nicht, und ich sagte: »Wenn ich Photograph wäre, würde ich sagen, bei der stimmt es von oben bis unten, ihre Augen suchen nur Gewinner, und die sitzen meistens in Flugzeugen.«
»Bei mir machen sich Männer wenigstens Gedanken darüber, wie sie mich ansprechen sollen«, sagte sie. »Aber Frauen mögen mich nicht. Haben Sie die beiden da gesehen? Diese Blicke, so knapp über die Schulter gehuscht, sollten doch nur sagen: Was will die denn? Aber Photographen interessiert nicht, ob man intelligent ist, und ist man intelligent, reden Frauen nie über das Aussehen wie Photographen.« Ich sagte, daß ich sie mal beim Kuscheln photographieren möchte, und ob sie sich dann lieb vorkäme? »Männer sind ja immer heiß darauf, daß man sich ankuschelt, dann können sie ihre starke Hand weicher machen. Doch meistens dauert es nicht lange genug. Als Kind soll ich ganz lieb und kuschelig gewesen sein, sagen meine Eltern.«
Sie bestellte sich einen Pony, und ich sagte nach

dem ersten Schluck: »Sie haben bestimmt Abitur und ein Cabrio, zwei oder drei antike Möbel, eine weiße Sitzgarnitur und ein großes Tischtuch aus Leinen.« Sie pustete den Zigarettenrauch nicht langsam genug weg: »Und mein Chef sagt, ich sei die einzige in der Firma, mit der man sich sehen lassen kann. Und dabei bin ich oft so schüchtern. Ob ich ehrgeizig bin? Damit nerven mich Frauen. Männer fragen sich höchstens, wo das mal hinführt, und warnen einen sogar noch im Bett vor gewissen Folgen. Meine Phantasie schießt viel zu oft über das Ziel hinaus, selbst zwischen der Waschmaschine und dem Gebüsch im Garten. Reicht das nicht erstmal?« Ihr Lächeln dehnte sich.

»Und wenn Sie morgens ins Büro kommen?« Ich trank auch einen Pony, und ihr Lächeln ging eine Stufe zurück: »Dann werde ich besichtigt. Frauen sind doch immer so ausführlich und wühlen im Kleinkram. Und klingelt das Telefon, dann denken sie, das ist wieder privat, und lächle ich plötzlich, bilden sie sich ein, daß ich gleich zum Chef will. Und wenn sie lächeln, heißt das: Was weiß die denn schon?«

Sie hatte ein Drei-Stufen-Lächeln, und ich wollte endlich ihr Alter schätzen, aber sie sagte mit dem Glas vorm Mund: »Das ist wie mit der Zahl der Liebhaber. Männer geben sich da besonders rücksichtsvoll. Ich bin sechsunddreißig. Ja, und studiert habe ich auch, und sage ich im Büro, wer studiert heute nicht alles, tuschelt man: Das sagt sie ja nur, weil sie studiert hat. Was mir in den Schoß gefallen

ist, kehrt sich nun wieder gegen mich. Ich hab doch nur das weiterentwickelt, was an Überschüssen schon da war. Und was noch entwickelt werden muß? Ich weiß, der Zugang zu den Frauen, die niemals das kriegen, was sie sich wünschen, und ich sollte mich überhaupt mehr um andere bemühen, trotz der schwachen Umgebung. Ich will doch keine Karriere machen. Ich verteidige nur meine Stellung und übe Rücksicht, wo es sich gehört.«
Sie drehte ihr Feuerzeug zwischen den Fingern: »Und ich bin nicht nur oft schüchtern, sondern auch ängstlich, aber dann wieder berechnend und mit einemmal viel zu großzügig. Und wenn ich allein bin? Es ruft ja immer jemand an, oder ich gehe einkaufen und bilde mir ein, mein Mann wartet, und ich renne herum. Ich und heiraten? Und wie der Mann sein müßte? Sie meinen einen, der sich nicht erst ausprobieren läßt, den man einfach anerkennen muß, und der auf die ganzen Umstände verzichtet, die ich immer brauche; auch er hätte eben mit mir seine Arbeit, und ich genau so mit ihm, und das wär's? Arbeite ich nicht schon genug?«
Ihre Stimme sackte: »Ich mag Frauen, die Kinder haben und keinen Ehemann mehr und sich trotzdem sicher fühlen, und Frauen, die Kinder haben und sie auch beschützen wollen und einfallsreicher sind als ihre Männer. Wer nach solchen Frauen fragt? Vielleicht schwächere Männer, deren Hände sich beim Kuscheln nicht zu weich anfühlen müssen.« Sie gab die Flasche zurück. »Wenn ich Kinder hätte, wären meine Hüften breiter. Und Gynä-

kologen müßten grauhaarig sein. Ich verdiene DM 3 845 netto im Monat, und Sie sind doch Photograph.«

Die Maschine setzte zur Landung an. Ein Mann holte sie ab, der aussah, als kenne er alle Flugplätze, auf denen man gesehen werden muß.

Eingeklemmt mit steifem Nacken

»Sind Sie nicht die Kassiererin an Kasse 3 im Supermarkt?« – »Und haben Sie vorhin nicht hinter dem Herrn gestanden, der etwas über meine Finger sagte, und ob ich nicht auch Klavierspielen könnte? Das ging ja noch, aber dabei bleibt es nie ...« Sie stellte die Plastiktüte ab und rieb über ihre Fingernägel. »Ich muß sie kurz und oval schneiden. Und manchmal hacke ich auf die Tasten oder rutsch' drüber weg. Was ich mir dabei denke? Daß ich beides kann.«
Wir setzten uns nebeneinander in den letzten U-Bahn-Wagen. Sie hieß Gertrud Wiedermayer, und ich zog den Kassenbon aus der Tasche. »Da geht's um jeden Pfennig«, sagte sie, »und ich hab' bis jetzt nur viermal draufgezahlt. Sitzen Sie mal so eingeklemmt beim Rechnen. Und wenn man mal aufs Klo muß und eine raucht, guckt man erst nach links und nach rechts, rückt noch ein bißchen, und dann an die Decke. In der Kantine rauche ich zwei und massiere mir selber den Nacken. Und auf meine Finger haben es nur die Männer abgesehen, die nicht auf den Pfennig sehen müssen.«
Wir gingen dann um den Häuserblock. Ich trug ihre Plastiktüte, aber die nahm sie mir wieder ab, weil sie immer irgend etwas in der Hand haben muß.

»›Alles kann sich mal ausruhen, aber die Hände nicht‹. Das sagte ein Kunde, der auch immer von meinen Fingern redet und mir Nagellack schenken will. Ich schnappe alles auf, aber es geht immer zu schnell, doch so leicht vergesse ich nichts. Rechnen konnte ich schon in der Schule gut, und Sitzfleisch hab ich auch. Morgen abend ist mein Gymnastikkurs, mir geht's dabei um die Pfunde in der Mitte.«
Und dann sollte ich erzählen, was ich den ganzen Tag mache, und warum ich meistens erst kurz vor sechs in den Supermarkt käme. Und nachher sagte sie, daß sie die Haare seit ihrer Entlobung streng nach hinten kämme, das wäre auch die richtige Frisur für die Kasse. »Davor hatte ich einen Wuschelkopf. Ich bin einunddreißig, und Sie sind ja auch schon älter. Mein Verlobter hatte Schulden, aber davon wußte ich nichts. Er brauchte angeblich immer Geld für seine Mutter. Und ich rechnete. Die mußte herhalten, und ich.«
Wir gingen noch einmal um den Block herum. »Heiraten, weil das auch mal sein muß? Wenn ich meine Arbeitskolleginnen darüber so reden höre – die lassen aber auch gar nichts aus. Das müßte mal ins Fernsehen. Ihnen kann ich es ja sagen: mein zukünftiger Mann braucht nicht den Kinderwagen zu schieben, und ich koche, und wenn er kommt, muß er auch mein Kind sein und ich seins. Ich bin bei meiner Mutter groß geworden, und die knudelt mich heute noch.
Wissen Sie wirklich nicht, was knudeln ist? Ich zeig's Ihnen mal.« Fräulein Wiedermayer hob die

Plastiktüte und drückte sie an ihren Busen und dann gegen den Bauch und tat so, als ob sie mit der Tüte nicht wieder hochkäme, und ich fragte, ob sie einen Teddybären zu Hause hätte, und sie sagte: »Wenn Sie wüßten, was da alles auf dem Sofa sitzt.« Ich hätte vielleicht noch sagen sollen, daß man mit ihr im Wald Kriegen spielen könnte, oder wie man das nennt, und daß sie sich dann aber luftiger anziehen müßte.

»Ich werde mich auch nicht mehr verloben, entweder gleich heiraten oder gar nicht. Ich hatte mich doch nur verlobt, weil er so verliebt in mich war, und das ist zuerst so ein Gefühl wie geknudelt werden, aber nicht ganz. Das brauche ich mindestens einmal im Jahr. Und wenn ich mich verliebe, der andere aber noch nicht so weit ist, dann sitz ich allein auf meinem Sofa und knudel, was da sitzt, und mich auch. Das möchten Sie mal sehen, nicht? Dann werde ich selbst noch rot. Doch was versteht ein Mann denn schon davon? Und wenn Sie morgen kurz vor sechs wieder an der Kasse stehen, tun wir beide, als kennen wir uns nicht näher. Aber ein kurzer Blick muß sein. Nein, morgen hab ich Frühschicht, sagen wir übermorgen. Und mit dem Blick meine ich nur, daß er, sagen wir mal, hallo sagt. Aber ohne Zwinkern. Eigentlich bin ich ja nicht so sehr für das Hintenherum.

Luftlinie zum Ehemann

Alice wollte zum Zahnarzt und sagte: »Er zieht beim Bohren die Oberlippe hoch und ist seit einem Jahr geschieden. Seine Frau hat jetzt einen Freund, der sich auch bald scheiden lassen will. Und weißt du, was der macht? Nach dem Lesen faltet er die Zeitungen immer so scharf, daß er damit zustechen könnte. Aber Felix und ich leben vorläufig getrennt. Worauf er bestand? Daß hier alles am gewohnten Platz bleibt, bis auf einige Sachen, die schließlich ganz von selbst ihren gewohnten Platz wiederfinden. Er wohnt in einem Hochhaus, direkt in der Luftlinie zu unserem Haus . . . Wo Gerd bloß bleibt? Wer Gerd ist? Gerd ist Student und kommt dreimal die Woche. Er macht den Garten und sieht nach dem Rechten, von neun bis eins.
Wie er aussieht? Er ist ein Typ, der Fische entgräten kann, ohne dabei nervös zu werden, findet Felix. Woher er das nun wieder hat . . . Gerd ist alles in allem ungefähr zehn Zentimeter größer als Felix und, sagen wir mal, dunkelblond. Seine Augen sind grau. Er meint blau, aber das hat ihm eine andere eingeredet. Er sagt nicht zuviel. Ich muß ihn immer erst richtig zum Reden bringen. Und was er studiert? Im vierten Semester Medizin. Das hat auch

den Ausschlag gegeben, als er sich auf meine Annonce hin vorstellte.«
Alice erwartete ihn jeden Augenblick, seinen Wagen höre man schon von weitem, und mit den Turnschuhen wirke er wie jemand, der ins Haus gehört und um nichts herumredet. »Durch einen Autounfall haben seine Rippen einen Knacks gekriegt, und nach meinem Unfall ist es immer noch das linke Knie. Wenn Gerd mal gegen seine Rippen drückt, hab ich ein Ziehen im Knie. Daran deutelt Felix viel zu oft herum, und Gerd lacht dann ganz unverschämt.«
Dann redete sie über Thomas, ihren zwölfjährigen Sohn, der seit vier Wochen in einem Schulheim ist und dort zu lange auf das Mittagessen warten muß. »Aber Gerd gibt ihm ja recht: nichts sei für ihn in dem Alter wichtiger gewesen als das Essen. Es mußte immer rechtzeitig auf den Tisch kommen. Zuhause, das war für Gerd der gedeckte Tisch und die Mutter, die auf ihn wartete. Das habe ich auch bei Thomas nie vernachlässigt... Gerd ist für sein Alter schon sehr weit, die Studenten von heute schalten sich ja überall ein. Aber er sagt eben wenig, und das wirkt dann doppelt.«
»Felix wird fünfundfünfzig«, sagte ich, »und du bist vierzig, und Gerd könnte dreiundzwanzig sein.« Alice fand endlich ihre Handtasche und tat so, als gäbe es für sie im Augenblick nichts Kostbareres. »Und weißt du, was Gerd sagte? Mit siebzehn habe mir etwas gefehlt, nämlich so einer wie er. Und er hat einfach eine Flasche Sekt aus dem Keller geholt,

und dann war es so weit. Nun weißt du es genau. Und seitdem geht es mir durch und durch, das mit der Siebzehnjährigen; Gerd will die Siebzehnjährige in mir und die Vierzigjährige noch dazu, und Felix sitzt im Hochhaus und grübelt...

Wenn er so grübelt, wirkt er auch jünger. Und kommt er zu einem Schluß, macht er oft ein ganz verdutztes Gesicht. Das mögen Frauen.« Alice stellte ihre Handtasche auf den Tisch: »Und wenn Frauen verliebt sind, lassen sie oft alles sausen. Aber Thomas merkt überhaupt nichts, weil er leiblich zufrieden ist, ich meine mit dem Essen und damit, daß ich ganz unverändert zu ihm bin und alles am gewohnten Platz ist... Was Gerd mir bedeutet? Wie du weißt, ist er so ein Typ, der Fische entgräten kann, ohne dabei nervös zu werden, und da spricht wieder Felix aus mir. Und falls ich mal die Dreißigjährige in mir an Gerd ausprobiere? Die Dreißigjährigen sind ihm zu unsicher, aber das könnte die Rettung sein. Doch Rettung wovor? Felix wird die Miete im Hochhaus bald zuviel... Wir können gehen. Gerd hat einen Schlüssel.«

So stählern und unbeweglich

»Und er wirkte so stählern und unbeweglich, ich meine immer dann, wenn jemand zuguckte und ich ihn gerade im Arm hatte, und ich finde, daß man viel mehr liebt, wenn jemand zuguckt; man soll das sehen und das Gefühl haben, die kriegt man ja gar nicht wieder auseinander ...« Daß er auch bei anderen Gelegenheiten stählern und unbeweglich wirkte, diesen Eindruck hatte sie schon bei ihrer ersten Begegnung; damals war er zweiter Staatsanwalt.

»Aber er lebt ja noch«, sagte sie in einem Ton, als wollte sie sagen: Egal, was es gibt, ich esse heute alles. Ich hatte nur einen Blick auf ihn geworfen. Er war aufrecht im Sessel eingeschlafen. »Unser Haus ist seine Burg«, sagte sie, und wir gingen auf Zehenspitzen ins Nebenzimmer. »Allein die Grundmauern sind doppelt so dick wie gewöhnlich, und der Garten ...« Wir wagten einen Blick auf die Terrasse, wo Wilhelm sogar eingepackt im Winter saß, die Augen immer geradeaus, als wäre der Garten doppelt so groß und das Ganze eine Art Herrensitz. »Und nun darf uns niemand mehr zugucken«, mäkelte sie, »und das seit über einem Jahr. Wäre es ein Beinbruch gewesen, wie hätte Wilhelm beim Humpeln ausgesehen, und ich hätte mir gesagt, keiner trägt den Kopf dabei so hoch wie er, und er hätte Vaters Spazierstock benutzt, den mit dem silbernen Knauf.«

Sie zeigte mit der Zigarette auf den Garten, machte einen tiefen Zug und ließ die Asche fallen. »Aber es ist nichts Äußerliches, einmal ist es das Herz und manchmal das Gedächtnis, es sind auch Depressionen, und schüttet er aus Versehen Kaffee auf seine Hose, dann sitzt er da wie gepanzert und merkt das gar nicht. Er müßte eine Krankheit zum Anfassen haben, ich will doch was tun, aber was mir bleibt, ist zuzugucken.« Sie guckte mich an, und ich sagte: »Das ist doch noch nicht alles.«

»Er nennt mich nicht mal mehr beim Vornamen, und wenn ich ihn bitte: Sag doch mal wieder Ellinor, bleibt er stumm. Die Ärzte sagen, daß ich nichts wörtlich nehmen soll, er brauche meine stille Pflege und Zuwendung, und sie therapieren ihn, und ich komme schließlich mit dem Tablett, für Saft, Toast und Tabletten, und er sagt immer nur bitte und danke und Verzeihung, und das mit eisiger Miene. Wie soll ich da denn mitfühlen, er sitzt in seinem Sessel wie auf einem Thron. Sein Zimmer ist der Sessel, sagen die Kinder – nicht daß er über sie hinwegsieht, aber ich denke oft, er wollte gar keine haben. Und setze ich mich neben ihn oder fasse ihn um oder sag: Guck doch mal – er bleibt unbeweglich, und meine Hände gehen bald auch nur noch wie Roboter. Wo glaubt er denn zu sein? Ich bin immer auf dem Sprung, aber wenn ich komme, rührt sich nichts.«

Ich sagte, daß sie retten müsse, was zu retten sei, und ihre Einbildungskraft ließe doch nie locker. »Ich sollte eine Puppe kaufen«, fiel ihr ein, »das hab ich irgendwo gelesen, für Frauen gibt es ja auch Männerpuppen, und die so zurechtmachen wie ihn, und sich neben seinen Sessel auf die Puppe stürzen, und es ihm zeigen. Frauen haben mindestens doppelt so viel Phantasie wie Männer, man möchte ja kurz vor einem Zusammenbruch noch mal richtig amoralisch sein. Ich bin doch erst achtundvierzig. Aber falls er sich, wie die Ärzte sagen, mit anderen Kranken solidarisiert und eine Front bildet gegen Gesunde, dann gebe ich den Kampf auf; aber er muß bei mir bleiben. Und daß er noch so dasitzt wie früher, ich meine, so stählern und unbeweglich, als wäre er kerngesund, das darf nicht schlimmer werden, sonst wird er noch zur Mumie.«
Wilhelm wußte nicht, daß ich da bin, und Ellinor fragte mich, ob ich gesund sei. Und falls sie krank würde, sie könne es sich ja nicht leisten, krank zu werden, würde sie aber krank, würde sie Tabletten nehmen oder trinken. »Ich habe immer Mitleid mit Männern gehabt, du siehst es ja, und ich hatte einen Mann, stählern und unbeweglich, was kann eine Frau nicht alles in einen solchen Mann hineindenken; wenn Wilhelm wüßte.«

Texte mit vollem Magen

Manierlich konnten diese Happen im Magen nicht aussehen, und als hätte sie meinen Gedanken erraten, schob sie mir ihren Teller halb zu. Bitte bedienen Sie sich, hätte das heißen können. Aber da lag nur noch der Knochen vom Eisbein mit der Pelle.
»Essen ist manchmal wie in etwas reinbeißen, das eigentlich gar nicht zum Essen ist, eher zum Fressen«, bemerkte ich. Aber die Dame wollte bestimmt nicht hören, was mir noch dazu eingefallen wäre, sie bestellte sich einen Nachtisch und sah mich an.
»Ich habe Ihre Gedanken längst erraten, ja, und ich trinke auch noch ein Bier, und Sie können ruhig Witze machen. Große Portionen Fleisch soll man eigentlich mit nacktem Oberkörper essen, dann kann man sich das ganze Getue mit halbvollem Mund und niedergeschlagenen Augen schenken und richtig grabschen und säbeln.«
Ich sollte raten, was sie von Beruf ist. Auf Schauspielerin wäre ich nicht gekommen, aber das lag wohl an dem Eisbein. Deshalb fragte ich, woher sie denn ihre Texte habe, den zum Beispiel vom nackten Fleisch und nackten Oberkörper. »Ich spreche auch Werbespots im Hörfunk und synchronisiere,

das regt an, und ich mache mir oft eigene Dialoge für mein Privatleben.«

Der Nachtisch wurde serviert, die Häppchen kamen zu den Happen, und ich erklärte ihr, wie ich mir das zusammen in ihrem Magen vorstellte, und sie fand, daß wir einander schon ziemlich nahe gekommen seien. Sie rauchte. Beim Feuergeben hatte ich ihre Hand berührt; ich erwartete wieder einen ihrer Texte.

»Sie können gar nicht zärtlich sein, sie ratschen über meine Hand nach dem Motto ›Wer Eisbein ißt, kriegt eben so sein Feuer‹.« Ich strich über ihren Handrücken, sie zog die Hand weg und sagte: »Nach dieser Mahlzeit kann man nicht plötzlich Zärtlichkeit ausprobieren; aber ich will Ihnen mal zeigen, wie es sein muß.« Sie fuhr über ihren Handrücken, ließ aber mindestens einen Zentimeter Luft dazwischen, und bat mich, dahin zu pusten. »So müßte es sein, eine Schauspielerin weiß das, aber es kann genau so zärtlich sein, wenn sie meine Hand kräftig schütteln und in Ihren Augen einen gewissen Hauch erkennen lassen, den spüre ich dann auf meinem Handrücken, verstanden?

Nach einem Eisbein zu rauchen«, sie nahm mir das Wort aus dem Mund, »ist so ähnlich, wie sich von einem Mann zu erholen, der, ohne Widerspruch zu dulden, sofort massiv zur Sache kommt.« Deshalb ginge es ihr nachher auch besser als diesem Mann, denn sie sei hoffentlich »im Nirgendwo« gelandet und rauche nur, weil der Mann entweder aufsteht oder redet; und sie brauche dann auch noch eine

kleine Pause, um mütterlich zu werden. Fallenlassen könnten sich nur Frauen, und Männer, die nichts davon verstehen, redeten immer davon.
»Frauen sind erfahrener. Und ich kann essen, was ich will und nehme nicht zu, und direkt bin ich, weil andere Frauen direkt sein möchten, aber dazu erzogen worden sind, Rücksicht zu nehmen. Ich bin für mich da, übe Selbstbewußtsein und spreche Texte. Und ich kann auch so gemein sein wie Sie. Wollen Sie vielleicht bestreiten, daß Sie sich jetzt fragen, ob die noch ein Kind kriegen könnte? Und weiter im Text: nach so und so vielen Vorstellungen im Bett ist sie endlich Mutter, und das erst in ihrer Lebensmitte. Ich habe ja auch schon zwei Glas Bier getrunken, und Sie bestellen noch Schnaps dazu. Prost. Es fehlt gerade noch, daß Sie sagen: Wenn uns jemand hören würde. Ich habe Ihnen doch gesagt, daß ich Schauspielerin bin.«
»Das mit dem Handrücken und der Zärtlichkeit könnte man auf der Bühne nicht spielen«, sagte ich, »wer achtete schon darauf? Aber nach dem Eisbein mußte ja eine Art Entschuldigung kommen. Und würde ich jetzt sagen: Sie sind ja gar nicht so, würden Sie sofort die andere spielen, die doch so ist, und zum Lachen wäre es erst, wenn ich Sie fragen würde, wie Sie wirklich sind.«
Sie sagte, daß sie alle Rollen spielen würde. »Aber eine Mutterrolle hatte ich noch nie. Doch wenn ich ein Kind haben will, kriege ich es auch, ich gehöre nicht zu den Frauen, die von allem reichlich haben wollen, und das immer rechtzeitig. Ich muß zur

Probe, es geht um Industriewerbung, man setzt mir einen Schutzhelm auf. Ich bin die einzige Frau.« Wir sagten fast gleichzeitig »Auf Wiedersehen«, und sie sagte: »Doppelt hält besser, es klang auch so schön.«

Mord oder auch nicht

Ich werde der Polizei morgen alles sagen. Und mit dem Sonntag anfangen.
Bevor sie sonntags wegging, öffnete sie die Tür und stellte sich auf ihre Zehenspitzen; sie hatte mir gesagt, daß seine dichten Augenbrauen wie ein Mützenschirm auf der Bettdecke ruhten, und ein Wirbel auf dem Kopf stand nach vorn. Und sie legte eine Zigarettenschachtel auf das Buffet, schloß die Tür, blickte in den Spiegel, wartete, ob er vielleicht plötzlich aufgewacht wäre und sich auf die andere Seite legen würde, aber er wachte nie plötzlich auf, und sie nahm, vor Angst, es fallen zu lassen, das Schlüsselbund mit beiden Händen vom Haken.
Sie hatte mir aber noch mehr gesagt.
Montags steckte sie ihm heimlich einen Apfel in die rechte Manteltasche, oder eine Apfelsine. Wenn er dann abends nach Hause kam, roch sie manchmal an der Tasche und dachte an ihren Mann. Der hatte montags, wenn er wegging, seine Hände tief in die Manteltaschen gesteckt und die Haustür mit dem Fuß geschlossen. Hätte er regelmäßig einen Apfel oder eine Apfelsine in der Manteltasche gehabt, wäre er anders weggegangen, sagte sie sich später.
Die Privatbriefe legte sie ihm auf den Nachttisch und die Geschäftsbriefe neben das Radio.

Das hatte sie mir auch gesagt.
Und wenn sie mittwochs saubermachte, rieb sie auch seinen Koffer blank und legte nachher ein Stück Zeitungspapier darüber.
Vierundzwanzig war er.
Immer lief er die Treppe hinunter.
Das sah ich fast jeden Tag.
Wenn sie ihr Geld holte, tauschte sie zwei alte Fünfzigmarkscheine gegen zwei neue ein, und für dreißig Mark ließ sie sich Fünfmarkstücke geben, und die neuesten legte sie zurück.
Sie hatte ihm das aber auch gesagt...
Und er wußte, wo sie das Geld aufbewahrte. Ich wollte es gar nicht wissen. Doch als er bei ihr eingezogen war, sagte sie es mir.
Wenn er baden wollte, legte sie eine Tablette Fichtennadelsalz ins Wasser und drehte die Hähne auf.
Er badete sonnabends. Ihr Mann hatte sonnabends auch immer gebadet, und für das Badezimmer hatte sie einen anderen Feudel als für die Wohnung.
In ihrem Portemonnaie hatte man ein Foto von ihm gefunden, da mußte er vierzehn gewesen sein. Und vierundzwanzig Mark in altem Silber und ein paar Groschen.
»Haben Sie sonst noch etwas gesehen oder gehört?« wird man mich fragen.
»Das ist alles...«
»Wie hat er die Tür zugemacht?«
»Sie war zugefallen. Ich habe es gehört. Und er lief die Treppen hinunter wie immer...«
»Und unten? Sagte er dort etwas zu Ihnen?«

»Er sagte sonst auch nichts. Er hat wirklich nichts gesagt.«
»Ging er schnell oder langsam weiter?«
»Er stieg in sein Auto. Es sprang sofort an.«
»Das war Sonnabend. Und sonntags ging sie immer zwischen zehn und elf weg...«
»Ich konnte nichts hören. Sie ging immer ziemlich leise weg.«
»Der Sonntag verging und der Montag...«
»Und ihn sahen Sie nicht, und sie auch nicht?«
»Sein Auto stand wieder vor der Tür. Aber mal fuhr er damit und mal nicht...«
So haben sie mich schon gestern gefragt. Aber morgen kommt es ins Protokoll. Nun weiß ich es auswendig.
Das Geld war nicht mehr da, die vielen neuen Fünfzigmarkscheine und die neuen Fünfmarkstücke. Das Versteck war im Badezimmer. Vielleicht gab es noch ein anderes Versteck. Aber sie hatten überall nachgesehen...
In ihrem Bett fanden sie ein paar gestrickte Herrensocken. Sie muß an den Füßen gefroren haben, die Socken waren von ihrem Mann. Die anderen auch, die man in seinem Bett gefunden hatte.
Soll ich das sagen?
Oder soll ich sagen: »Er mußte die Socken nehmen, obgleich er bestimmt keine kalten Füße hatte, und er hätte auch ohne Fichtennadeltabletten gebadet. Und er rauchte auch nicht. Trotzdem legte sie ihm sonntags zwischen zehn und elf, bevor sie wegging, immer eine Schachtel auf das Buffet.«

Ich könnte noch sagen, daß sie, wenn sie mittwochs saubermachte, sein Radio anstellte, um das Mittagskonzert zu hören und dabei mit einem Lappen in der Hand in dem Sessel saß und auf sein Bett starrte. Mit dem Hammer soll er auf sie eingeschlagen haben.

Sie legte ihm den Hammer in die Hand, wenn ein Nagel eingeschlagen werden sollte . . .

Zehn Minuten neues Leben

Am Tage seiner Ernennung zum Minister sagte Hans-Georg zu mir: »Zwischen uns bleibt alles beim alten. Ruf mich doch nächste Woche einmal im Ministerium an.«

Ich ging dann zu Edith, um ihr zu sagen, sie möchte Hans-Georg sagen, daß ich schon seit drei Tagen vergeblich bei ihm angerufen hätte, und ich würde nächste Woche wieder anrufen.

Edith saß in seinem Arbeitszimmer und sagte: »Es ist viel größer geworden. Hans-Georg sitzt nicht mehr neun Meter von der Tür entfernt an seinem Schreibtisch, inzwischen sind es siebzehn. Und woher das kommt? Weil wir die Veranda dazugenommen haben. Gestern sind die Handwerker weggegangen. Man kann auch ganz anders denken, wenn das Zimmer länger ist, und Hans-Georg geht seit gestern auf und ab; jahrelang mußte er im Kreis herumgehen, endlich hat er einen geraden Weg. Und die neuen Bücherregale gehen bis an die Decke.

Ich habe mir einige Bücher mit in mein Zimmer genommen, du kennst es doch. Früher war es unser Fremdenzimmer, und Hans-Georg hielt dort seinen Mittagsschlaf. Wenn du das Zimmer jetzt sehen würdest! Es ist mein Arbeitszimmer geworden. Und was meinst du, wieviel Post ich schon zu beantworten habe! Ich schreib doch so gerne. Hans-

Georg möchte die Briefe seiner Wähler an seine Frau vorher am liebsten alle lesen, aber eine Kollegenfrau hat mir gesagt: ›Behalten sie Ihre eigene Note.‹ Wir kommen einander immer näher, und sie spricht mit mir auch ganz offen über gewisse Leute, die, wie sie sagt, unter Ausschaltung des Amtes direkte Kontakte durch die Frau oder die Kinder zum Minister herstellen wollen. Sie sagt, es wäre erstaunlich, wie oft im Schatten eines Mannes die Frau oder die Kinder sich allmählich zu vollendeten Diplomaten entwickeln. Ihr Beispiel allein beweist, sagt die Kollegenfrau, daß alle Nachteile der ministeriellen Umgebung, die geheuchelte Freundlichkeit und die geheuchelte Schroffheit, die geheuchelte Diensteifrigkeit und der noch schlimmere Autoritätswahn Ausflüsse der Umgebung sind...«

»Und was hast du sonst noch zu tun?«

»Ich muß telefonieren! Und jeden Tag wird irgend etwas abgegeben.«

»Habt ihr denn schon eine Hausangestellte? Du kannst doch nicht alles alleine machen.«

»Vorgestern fing sie an. Ich sagte gleich zu Hans-Georg, vielleicht will sie nur spionieren, aber jetzt weiß ich, daß da nichts passieren wird. Hans-Georg sagt: ›Irmel gehört zur Familie.‹ Sauber ist sie, sie kommt aus Oberfranken, und sie ist ein bescheidener Esser. Wir haben ihr das halbe Zimmer gegeben, und ich bin froh, daß ich da noch Sachen unterbringen konnte aus meinem früheren Mädchenzimmer.«

»Und was macht dein Unterleib?«

Edith setzte sich an den Schreibtisch.
»Zwei Operationen reichen. Ich merke nichts mehr. Du kennst mich. Wenn ich sage, ich merke nichts, dann merke ich auch wirklich nichts und wende meine ganze Energie auf, um wirklich nichts zu merken.«
»Du bist schlanker geworden, Edith.«
»Das hat Hans-Georg auch gesehen. Er sagte gestern: ›Wenn das so bleibt‹, und fuhr mit der Hand mal so überall drüber. Ich sah ihm dabei in die Augen. Die Augen sagten nichts, und die Hand glitt nur so. Wo war er bloß wieder mit seinen Gedanken? Ich will dir sagen, das liegt an den Aufregungen und an der Umstellung. Die Kollegenfrau hat mir bestätigt, daß es bei ihrem Mann genau so war.
Leider ist es so geblieben. Zu viele Augen sind auf einen gerichtet, und dann kommen ja noch die normalen Abläufe hinzu. Weißt du, man erwartet immer etwas, in der Zeitung oder im Fernsehen. Unser Name ist doch ganz einfach, aber inzwischen sagt man ihn nicht mehr so dahin wie bisher. Er wird auch anders betont, und ich werde immer nachdenklicher und kritischer und sensibler; der Name hat einen absoluten Stellenwert erhalten.«
»Hans-Georg war mit seinen Gedanken immer woanders, wenn deine Gedanken bei ihm waren.«
Edith schenkte mir einen Vermouth ein.
»Ich wußte aber, wo sie waren, und diese Frau scheidet jetzt völlig aus. Sie ist wieder in festen Händen.«
»Waren die Handwerker auch im Badezimmer?«

»Du wirst staunen. Die neue Wanne ist niedriger und die Lichtschalter sind flach und das Waschbekken ist rosa.«

»Hat Dietrich sich inzwischen gemeldet?«

Edith schenkte sich auch einen Vermouth ein.

»Er ließ Blumen abgeben; er hatte mir sonst nie Blumen geschickt. Und politisch steht er ja in einem anderen Lager. Aber man kann ja auch ganz weit links stehen und trotzdem ein Herr sein.«

»Wer ist eigentlich Hans-Georgs Staatssekretär?«

»Vor dem soll er sich hüten, hat mir die Kollegenfrau gesagt. Die sogenannte rechte Hand ist meist eine Enttäuschung für den Minister selbst. Es sind Menschen, die von der Verantwortung erdrückt werden, ihrer eigenen und der ihres Chefs. Nicht daß sie zum Größenwahn neigen, aber sie übernehmen sich einfach. Er war zum Tee hier und wirkte auf mich wie ein Mann, der alles dem Amt gibt. Aber wehe, gibt er nur einen Teil davon einer Frau.«

Ediths Augenlider zuckten. Dann sagte sie: »Ich mag hagere Männer und lange mit Lederhaut, Vater war ja auch so einer, von ihm hab ich den unempfindlichen Magen und den festen Schlaf.«

»Du, das Telefon klingelt.«

»Das ist Hans-Georg.«

Edith nahm den Hörer ab.

»Gleich? Geht das denn? Gut.«

»Das war der Staatssekretär. Sie kommen mit dem Hubschrauber zurück.«

»Ich muß gehen, Edith.«

Und in der Mitte die Couch

»Du bist ein Typ, der sich immer gleich auf die Couch setzt. Und ich hab dir damals schon angesehen, was dich an meiner Couch so interessiert. Ja, was wohl? Was da passiert sein mußte, bevor du kamst. Und was da auch passiert sein mag, du spielst dabei überhaupt keine Rolle. Das hat gesessen, nicht?« Gudrun schien ganz sicher zu sein, daß es gesessen hatte. Sie konnte Männer nicht leiden, die sie unsicher machen wollten, und wehrte sich dagegen, indem sie etwas sagte, das sitzen sollte. Manchmal hätte sie es gern zurückgenommen, aber sie sagte sich, was bei Männern einmal sitzt, das sitzt, und damit war für sie dann auch alles erstmal erledigt.

»Was muß man denn tun, damit bei dir was sitzt?« fragte ich. »Wenn mein Freund kommt, zieht er mich gleich auf die Couch, und was ihm auch vorher passiert ist, er nimmt mich in den Arm und erzählt, und wenn er fertig ist, sagt er, was sollen wir auf der Couch. Das sitzt. Er ist fürs Bett und dabei bleibt es, er dreht dann nicht mal den Wohnungsschlüssel um, er ist ja bei mir. Und ich muß hinterher immer das Bett machen. Bettenmachen, das erinnert ihn an seine Kindheit, und für mich ist Bettenmachen wie eine Liebkosung, und ich denke auch an Kinderbetten und an alle empfindlichen Stellen, die man bei sich selbst doch erst im Bett spürt, aber das macht er ja alles.«

Gudrun war Photographin, wurde ihr eigenes Photomodell, gründete dann eine Photo-Galerie, und nun hat sie einen Laden mit antikem Schmuck und alten Leinentüchern und Kissenbezügen. Und das sollte auch wieder sitzen: »Ich weiß, du bist nicht fürs Photographieren, du hältst alles im Kopf fest, aber die anderen Männer haben alle photographiert, ich sie und sie mich, und wer nicht photographiert, dem sagen auch seine Kinderphotos nichts. Man kann alles photographieren. Pornos sind dabei aber nie rausgekommen, das war höchstens dicht an der Grenze, und nicht mal das kann man mit dir machen. Du bist ein Couchtyp, und das bleibst du, und im Bett starrst du an die Decke und wartest auf Wunder.«

Das hatte wieder gesessen, und ich sagte: »Hauptsache, daß dein Bettypfreund, wenn er kommt, auch immer gleich will.« Das sollte sitzen, aber Gudrun gab nicht nach: »Ich bin vierzig, und dann kriegt man Mitleid mit Männern; doch das erspart er mir. Ob er sich besonders anstrengt? Von ihm geht alles sicher und erfahren zu mir rüber, und er macht keine nachdenklichen Pausen, ist nicht mit dem Kopf dabei. Mit zwanzig habe ich mir vorgestellt, der ist es oder der, und wir werden mal ein Paar. Und dann kam Rainer zur Welt, und er ist von dem, mit dem ich mir nie vorgestellt hatte, daß wir ein Paar würden. Das wurden wir ja auch nicht. Und danach

hab ich alles geschluckt, was Männer mit Frauen machen und Frauen mit Frauen, und ich hab mich manchmal geschämt, daß ich soviel wußte, aber ich hätte das gar nicht zu lesen brauchen, was passierte denn schon? Da muß man erst über dreißig sein, das Alter ist auch so eine Art Kampfanzug.«
»Was saßen hier nicht alles für Typen«, sagte ich.
»Couchtypen.« Gudrun zeigte auf mich. »Und weil sie es hinterher immer eilig hatten, brauchte ich auch nie das Bett zu machen. Hab ich dir nicht mal gesagt, was meine erste Liebe zu mir gesagt hat: ›Du bist so süß und rund wie eine Erdbeere.‹ Und was sonst noch, hatte ich ihm geantwortet. Er wollte meinen Busen sehen. Am besten, du ziehst dich gleich ganz aus, meinte er dann. Und da kam seine Tante rein, und er flüsterte, die hätte sich auch schon vor ihm ausgezogen. Und zu den Couchtypen hab ich dann später gesagt, zieht euch doch aus, ich will euch auch im Ganzen sehen. Den meisten kam das zu plötzlich, und sie redeten sich damit heraus, daß eine Photographin sowieso durch jeden Anzug sehen kann. Was ich denen gesagt habe? Das hat jedesmal gesessen, und sie mußten runter von der Couch. Aber so viele waren es nun auch wieder nicht.«
Ich stand auf und wollte sie in den Arm nehmen.
»Das ist auch nur so ein Gebärdenspiel«, sagte sie, »und ich bin bestimmt nicht zu bedauern, ich nehme mir einfach, was ich dringend brauche, und das, was dann kommt, ist meine Sache oder mein Traum.«

Ich hatte meine Zigaretten vergessen und kam nochmal zurück. Gudruns neuer Typ saß auf der Couch und las Zeitung. Er hatte seine Schuhe ausgezogen und rauchte Pfeife. Sie mochte auch immer schon Typen, die so ein klobiges Ding zwischen den Zähnen halten konnten und einen damit erstmal beruhigten.

Alte Namen und neue Gefühle

»Nein, ist das aber eine Überraschung«, sagte die Frau mit dem Hut. Als sie mir entgegenkam, überlegte ich gerade, wozu man solchen Hut auch noch gebrauchen könnte, und sammelte Beispiele. »Wir sind auch um drei Ecken miteinander verwandt«, fügte sie sinnend hinzu, und während ich sie ins nächste Café lotste, wo Frauen mit ähnlichen Hüten saßen, fand sie heraus, daß ihr ganzes Leben aus einer Reihe von Zufällen bestünde, und nun stünde ich gewissermaßen am Ende dieser Schlange.

»Ich bin die Gertrud«, sagte sie, nachdem wir einen Ecktisch gefunden hatten. Und alles war fast wie früher: sie spreizte den kleinen Finger ab, als sie die Kaffeetasse hob, hielt ihre linke Hand unter den Butterkuchen, und obgleich kein Krümel heruntergefallen war, fuhr sie sich übers Kleid und nannte lauter Namen von früher: Hans-Otto, Hermann, Willibald, Oskar, Karl, Martha und Lieselotte. Und wenn sie wieder die Kaffeetasse hob, dachte ich an Geschirrgeklimper und Einmachgläser und an blütenweiße Wäsche. »Als du gerade zehn warst, kam ich zufällig bei euch vorbei, und was sagte deine Mutter zu mir? ›In seinem Alter bist du ein richtiger kleiner Pummel gewesen, Gertrud.‹ Wenn sie mich jetzt sehen könnte.«

Und sie redete von ihrem Mann, dem Hermann, und seinen langen Zähnen, richtige Hacker sollen das gewesen sein, und von meiner Mutter, die gesagt haben soll: ›Ihr seid ein Stück.‹ »Er war ein Mann zum Festhalten«, sagte Gertrud, »ich ging in ihm auf.« Wie sie das sagte, war ja auch von früher, und ich stellte mir das auf einem Familienphoto vor. Da setzte sie mit einem Ruck die Tasse auf die Untertasse: »Hermann reichte vor sechs Jahren die Scheidung ein. Doch wen sah er plötzlich vor sich? Nicht seine Gertrud, sondern eine Frau, deren Töchter Ursula und Irene längst ihren eigenen Weg gingen – eine Frau, die sich über vierzig Jahre selbst eingebracht hatte; diese mahnenden Worte fand meine Rechtsanwältin.«

Draußen hakte Gertrud mich unter und fragte: »Für wie alt hältst du mich eigentlich? Sag es ruhig, seit zwei Jahren trage ich den Kopf wieder höher; gut, dann sage ich es dir: du denkst wohl auch gerade an früher. Ich werde dreiundsiebzig. Ich war ja schon als Kind so zappelig, und das Pummelchen blieb ich bis zu meiner Ehe.« Ich weiß nicht, was sie im Wohnzimmer hinter meinem Rücken wegstellte, und als sie ein paar Schnitten machte, sagte sie: »Im Krieg hielt mich auch nichts zu Hause, ich dachte an Hermann und meldete mich beim Roten Kreuz. Und nach der Scheidung fing ich wieder an zu häkeln, das ist jetzt modern. Und wie es der Zufall dann so wollte, beim Handarbeitskurs auf der Volkshochschule stellte sich ein Herr aus der Malklasse vor ...«

Gertrud deckte den Tisch, wir aßen die Schnitten von Erbstücken, und ich sagte: »Was ist hier nicht alles von früher«, und ihre lackierten Fingernägel sahen naseweis aus. »Und nun möchte ich noch einmal auf den Herrn aus der Malklasse zu sprechen kommen. Er war Berufsschullehrer, und nach dem Tode seiner zweiten Frau wurde ihm das Malen zum Lebensinhalt. Er kleidet sich auch so leger wie ein Künstler und trägt keinen Hut.« Und dann holte sie das, was sie hinter meinem Rücken weggestellt hatte, wieder hervor und sagte: »Dir kann ich es ja zeigen, das bin ich. Es ist ein Akt, wie du siehst, aber es ist doch mehr für uns beide. Und das bindet. Er, der Martin, sein Künstlername lautet Marius, malte mich vor vierzehn Wochen, nachdem wir uns schon seit über einem Jahr kannten, und zum Tee bat ich ihn erst zu meinem Geburtstag, bis dahin trat kein Mann über die Schwelle meiner Wohnung. Martin ist sechsundsiebzig. Nicht als sein Modell, sondern erst nach Vollendung des Gemäldes sind wir uns ganz nahe gekommen. Hermann ist mir nie so nahe gewesen, so wie deine Mutter sagte, in einem Stück.«

Gertrud schenkte wieder Tee ein: »In Florenz und Venedig waren wir auch schon, und weißt du, was er gesagt hat? ›Selbst wenn einer von uns beiden den anderen aus Verzweiflung tötet, kein Richter der Welt sperrt ihn mehr ein.‹«

Frau Schlosser

Sie sah aus, als trüge sie ihre wertvollsten Sorgen in der Handtasche. Und sie blickte mich an, als sei sie gegen Menschen, die bei ihr klingeln. Und sie betrachtete stumm die Türspalte, als drohe von daher eine Gefahr. Und nachdem ich gesagt hatte: »Hier ist ein Brief für Frau Schlosser, das sind Sie doch«, machte sie die Tür zu.

Unter meinem Briefkasten hatte ein Brief an Frau Eva Schlosser gelegen, aber Frau Schlosser wohnte ein Haus weiter. Und nun stand ich da mit dem Brief. Ich ging auf die Straße und stellte mich vor Frau Schlossers Fenster, weil ich dachte, vielleicht nützt das etwas. Ich sah sie hinter der Gardine. Die Handtasche hing noch immer über ihrem Arm und die Augen schienen aus Blech zu sein, sie waren zu stumpf und zu starr für das gelbliche Gesicht. Ich hielt den Brief hoch und dachte, vielleicht nimmt sie ihn jetzt, aber Frau Schlosser rührte sich nicht.

Auf dem Briefumschlag stand ganz deutlich »Eva Schlosser«, und der Name hatte auch an der Tür gestanden. Die Hausnummer stand jedoch nicht hinter dem Straßennamen. Ich ging in ein Papiergeschäft und holte mir einen neuen Umschlag und frankierte ihn und steckte den Brief hinein.

»Kennen Sie Frau Schlosser?« fragte ich die Frau in dem Papiergeschäft.

»Frau Schlosser wohnt im Parterre von Nummer 11 und trägt immer dieselbe Handtasche.«
Ich steckte den Brief an Frau Eva Schlosser in den Briefkasten und ging zur Post, um im Adreßbuch nachzusehen, wie viele Schlossers es in der Stadt eigentlich gab. Zuerst las ich Eva Schlossers Namen, dann folgte ein Kurt Schlosser und nach Kurt kam Rudolf und eine Schlosser gab es noch, die mit Vornamen Hermine hieß.
Kurt Schlosser wohnte in der Emilienstraße. Ich versuchte mir vorzustellen, wie dieser Kurt aussah. Der Name Schlosser klang schwerfällig, aber Kurt paßte dazu. Der Mann konnte selbständig sein und eine Frau haben, die oft zu ihm sagte: »Wenn du bloß etwas nachgiebiger wärst.«
Ein Mann brachte gerade ein neues Schloß an einer Gartentür an, und ich fragte ihn, ob es wohl Schlosser gäbe, die auch so hießen. Er schob einen Schlüssel in das Schloß und dreht ihn zweimal nach links und einmal nach rechts und sagte nur: »Der geht wie geölt.«
Auf dem Wege zur Emilienstraße wurde ich immer hellhöriger und versuchte zu unterscheiden, was bei den Autos alles wie geölt ginge. Bei einem Lieferwagen ging der Gang nicht gleich rein, und ein Müllwagen fuhr im zweiten Gang und schaltete nicht in den dritten, obgleich er ruhig schneller fahren konnte. Ein Bus bremste mit einem steil abfallenden Jammerton, und ein Herr trug den Roller seines Sohnes auf der Schulter. Der Junge hatte ganz schmierige Hände und betrachtete mit zusammen-

gekniffenen Lippen das Rad, das über seinem Kopf hing und sich immer noch drehte.
Und an einem Kinderwagen wackelte das linke Schutzblech, aber das Kind schlief, und die Mutter redete auf eine Frau ein, die mit der linken Hand mitschob.
Ich unterdrückte einen Hustenreiz, und die Mutter des Kindes sagte zu der Frau: »Der tut ja wie jemand, der ersticken will.« Daraufhin hustete ich so befreit wie möglich, und die andere Frau sagte: »Der hustet nicht, der posaunt den Husten richtig aus.«
Aber je näher ich zur Emilienstraße kam, desto ruhiger wurde es auf der Straße, wenn nicht ein Motorrad um die Ecke gebogen wäre, das vor dem Haus Nr. 66 hielt. Der Fahrer ließ den Motor noch einmal auf hohen Touren laufen und nahm dann das Gas plötzlich weg. Ich blieb stehen.
»Suchen Sie jemand?« fragte mich der Motorradfahrer.
»Wissen Sie, ob hier Schlossers wohnen?«
»Ich heiße Schlosser. Was ist denn los?«
»Vielleicht kennen Sie eine Frau Eva Schlosser, sie wohnt im Orchideenstieg.«
»Das ist die andere Linie der Schlossers. Ich bin Kurt Schlosser, und mein Vater heißt Rudolf. Die Witwe Hermine Schlosser wohnt in der Weidenallee Nr. 12 und gehört zu der Schlosser im Orchideenstieg. Ist Eva was passiert?«
»Ich denke, das ist die andere Linie der Schlossers, und Sie kennen sie nicht näher?«
»Nein, aber sie heißt ja nun mal Schlosser.«

Zur Weidenallee Nr. 12, wo Hermine Schlosser wohnte, waren es noch zehn Minuten.
Und ich sagte zu einer Frau im ersten Stock, die bei offenem Fenster gerade Blumen begoß: »Sie sind bestimmt Frau Schlosser.«
»Woher wissen Sie das?« fragte sie.
»Weil Sie Ihrer Schwester im Orchideenstieg so ähnlich sehen.«
»Hat Eva Sie zu mir geschickt?«
»Nein, das ist nur ein Zufall.«
»Ich habe Eva mindestens ein Jahr nicht gesehen. Sie hat immer Angst, ihr stößt etwas zu, und sie nimmt ihre Handtasche überall mit hin.«
»Mag sie denn Blumen?«
»Früher hat sie Kakteen gezüchtet. Ich glaube, eine hat sie noch, die anderen sind eingegangen. Solche Pflanzen spüren auch ihre Umgebung.«
»Ja, aber was mag sie denn leiden?«
»Eva mag gar nichts leiden. Sie geht zweimal in der Woche zum Friedhof, um meinen Mann zu besuchen. Aber der ging immer weg, wenn sie früher einmal zu uns kam.«
»Bringt sie ihm denn Blumen mit?«
»Ja, Topfpflanzen.«
»Soll ich ihr vielleicht etwas bestellen, Frau Schlosser?«
»Ach, ich habe ihr erst vorgestern geschrieben, aber sie kommt ja doch nicht zu meinem Geburtstag. Und wenn sie kommt, hat sie gleich wieder Angst, daß ihr irgend etwas nicht bekommt.«
»Dann sage ich lieber nichts, Frau Schlosser.«

Inhalt